Zum 60. Geburtstag
von M. Knipe.

»Die Hesse«, schrieb Franz Blei in seinem »Großen Bestiarium« mit ironischen Charakteristiken zeitgenössischer Autoren, sei eine liebliche Waldtaube, die dem Stadtbewohner die Sensation der Natur verschaffe, dank ganz kleiner Drüsen, »aus denen sie einen Geruch absondert, der leise an Tannenduft erinnert«.

Diese Anspielung auf Hesses Herkunft aus dem nördlichen Schwarzwald und die Rolle der Natur in seinen Büchern als Korrektiv zu unseren Zivilisationsdefekten hat heute in einer Zeit rücksichtsloser Industrialisierung, verheerender Versteppungen und klimatischer Veränderungen der Erde (aufgrund bedenkenloser Rodungen der Waldbestände) zwar kaum etwas von ihrem Witz verloren, aber mehr noch an unbeabsichtigter Aktualität gewonnen. Das zeigen auch Hesses zahlreiche Betrachtungen und Gedichte über Bäume, die hier erstmals in einer charakteristischen Auswahl zusammengefaßt und mit Bildern einer jungen Photographin versehen sind.

Bäume sind für Hesse Sinnbilder, die sich mit Erinnerungen verbinden, Symbole der Vergänglichkeit und Wiedergeburt, aber auch »alles Wachstums, alles triebhaften, naturhaften Lebens, aller Sorglosigkeit und geilen Fruchtbarkeit«. Sie sind für ihn Spiegel der Jahreszeiten, der Landschaften und Umweltbedingungen ihres Standorts: »In den Jahresringen und Verwachsungen steht aller Kampf, alles Leid, alle Krankheit, alles Glück und Gedeihen treu geschrieben, schmale Jahre und üppige Jahre, überstandene Angriffe, überdauerte Stürme. Und jeder Bauernjunge weiß, daß das härteste und edelste Holz die engsten Ringe hat, daß hoch auf Bergen und in immerwährender Gefahr die unzerstörbarsten, kraftvollsten, vorbildlichsten Stämme wachsen.«

insel taschenbuch 455

Hermann Hesse

Bäume

Hermann Hesse
Bäume

Betrachtungen und Gedichte
mit Fotografien von
Imme Techentin

Insel Verlag

Zusammenstellung der Texte
von Volker Michels

insel taschenbuch 455
Erste Auflage 1984

Vertrieb durch den Suhrkamp Taschenbuch Verlag
Umschlag nach Entwürfen von Willy Fleckhaus
Satz: LibroSatz, Kriftel
Druck: Appl, Wemding
Printed in Germany

7 8 9 10 11 12 – 94 93 92 91 90 89

Bäume

Bäume

Bäume sind für mich immer die eindringlichsten Prediger gewesen. Ich verehre sie, wenn sie in Völkern und Familien leben, in Wäldern und Hainen. Und noch mehr verehre ich sie, wenn sie einzeln stehen. Sie sind wie Einsame. Nicht wie Einsiedler, welche aus irgendeiner Schwäche sich davongestohlen haben, sondern wie große, vereinsamte Menschen, wie Beethoven und Nietzsche. In ihren Wipfeln rauscht die Welt, ihre Wurzeln ruhen im Unendlichen; allein sie verlieren sich nicht darin, sondern erstreben mit aller Kraft ihres Lebens nur das Eine: ihr eigenes, in ihnen wohnendes Gesetz zu erfüllen, ihre eigene Gestalt auszubauen, sich selbst darzustellen. Nichts ist heiliger, nichts ist vorbildlicher als ein schöner, starker Baum.

Wenn ein Baum umgesägt worden ist und seine nackte Todeswunde der Sonne zeigt, dann kann man auf der lichten Scheibe seines Stumpfes und Grabmals seine ganze Geschichte lesen: in den Jahresringen und Verwachsungen steht aller Kampf, alles Leid, alle Krankheit, alles Glück und Gedeihen treu geschrieben, schmale Jahre und üppige Jahre, überstandene Angriffe, überdauerte Stürme. Und jeder Bauernjunge weiß, daß das härteste und edelste Holz die engsten Ringe hat, daß hoch auf Bergen und in immerwährender Gefahr die unzerstörbarsten, kraftvollsten, vorbildlichsten Stämme wachsen.

Bäume sind Heiligtümer. Wer mit ihnen zu sprechen, wer ihnen zuzuhören weiß, der erfährt die Wahrheit. Sie predigen nicht Lehren und Rezepte, sie predigen, um das Einzelne unbekümmert, das Urgesetz des Lebens.

Ein Baum spricht: In mir ist ein Kern, ein Funke, ein Gedanke verborgen, ich bin Leben vom ewigen Leben. Einmalig ist der Versuch und Wurf, den die ewige Mutter mit mir gewagt hat, einmalig ist meine Gestalt und das Geäder meiner Haut, einmalig das kleinste Blätterspiel meines Wipfels und die kleinste Narbe meiner Rinde. Mein Amt ist, im ausgeprägten Einmaligen das Ewige zu gestalten und zu zeigen.

Ein Baum spricht: Meine Kraft ist das Vertrauen. Ich weiß nichts von meinen Vätern, ich weiß nichts von den tausend Kindern, die in jedem Jahr aus mir entstehen. Ich lebe das Geheimnis meines Samens zu Ende,

nichts andres ist meine Sorge. Ich vertraue, daß Gott in mir ist. Ich vertraue, daß meine Aufgabe heilig ist. Aus diesem Vertrauen lebe ich.

Wenn wir traurig sind und das Leben nicht mehr gut ertragen können, dann kann ein Baum zu uns sprechen: Sei still! Sei still! Sieh mich an! Leben ist nicht leicht, Leben ist nicht schwer. Das sind Kindergedanken. Laß Gott in dir reden, so schweigen sie. Du bangst, weil dich dein Weg von der Mutter und Heimat wegführt. Aber jeder Schritt und Tag führt dich neu der Mutter entgegen. Heimat ist nicht da oder dort. Heimat ist in dir innen, oder nirgends.

Wandersehnsucht reißt mir am Herzen, wenn ich Bäume höre, die abends im Wind rauschen. Hört man still und lange zu, so zeigt auch die Wandersehnsucht ihren Kern und Sinn. Sie ist nicht Fortlaufenwollen vor dem Leide, wie es schien. Sie ist Sehnsucht nach Hei-

mat, nach Gedächtnis der Mutter, nach neuen Gleichnissen des Lebens. Sie führt nach Hause. Jeder Weg führt nach Hause, jeder Schritt ist Geburt, jeder Schritt ist Tod, jedes Grab ist Mutter.

So rauscht der Baum im Abend, wenn wir Angst vor unsern eigenen Kindergedanken haben. Bäume haben lange Gedanken, langatmige und ruhige, wie sie ein längeres Leben haben als wir. Sie sind weiser als wir, solange wir nicht auf sie hören. Aber wenn wir gelernt haben, die Bäume anzuhören, dann gewinnt gerade die Kürze und Schnelligkeit und Kinderhast unserer Gedanken eine Freudigkeit ohnegleichen. Wer gelernt hat, Bäumen zuzuhören, begehrt nicht mehr, ein Baum zu sein. Er begehrt nichts zu sein, als was er ist. Das ist Heimat. Das ist Glück.

Karfreitag

Verhangener Tag, im Wald noch Schnee,
Im kahlen Holz die Amsel singt:
Des Frühlings Atem ängstlich schwingt,
Von Lust geschwellt, beschwert von Weh.

So schweigsam steht und klein im Gras
Das Krokusvolk, das Veilchennest,
Es duftet scheu und weiß nicht was,
Es duftet Tod und duftet Fest.

Baumknospen stehn von Tränen blind,
Der Himmel hängt so bang und nah,
Und alle Gärten, Hügel sind
Gethsemane und Golgatha.

Noch während unseres trockenen Frühlings, ehe die Regenfälle und die Reihe von Gewittertagen kamen, hielt ich mich öfters an einer Stelle meines Weinbergs auf, wo ich um diese Zeit auf einem Stück noch nicht umgegrabenen Gartenbodens meine Feuerstelle habe. Dort ist in der Weißdornhecke, die den Garten abschließt, seit Jahren eine Buche gewachsen, ein Sträuchlein anfangs aus verflogenem Samen vom Walde her, mehrere Jahre hatte ich es nur vorläufig und etwas widerwillig stehen lassen, es tat mir um den

Weißdorn leid, aber dann gedieh die kleine zähe Winterbuche so hübsch, daß ich sie endgültig annahm, und jetzt ist sie schon ein dickes Bäumchen und ist mir heute doppelt lieb, denn die alte mächtige Buche, mein Lieblingsbaum im ganzen benachbarten Wald, ist kürzlich geschlagen worden, schwer und gewaltig liegen drüben noch wie Säulentrommeln die Teile ihres zersägten Stammes. Ein Kind jener Buche ist wahrscheinlich mein Bäumchen.

Stets hat es mich gefreut und mir imponiert, mit welcher Zähigkeit meine kleine Buche ihre Blätter festhält. Wenn alles längst kahl ist, steht sie noch im Kleide ihrer welken Blätter, den Dezember, den Januar, den Februar hindurch, Sturm zerrt an ihr, Schnee fällt auf sie und tropft wieder von ihr ab, die dürren Blätter, anfangs dunkelbraun, werden immer heller, dünner, seidiger, aber der Baum entläßt sie nicht, sie müssen die jungen Knospen schützen. Irgend einmal dann in jedem Frühling, jedesmal später, als man es erwartete, war eines Tages der Baum verändert, hatte das alte Laub verloren und statt seiner die feucht beflognen, zarten neuen Knospen aufgesetzt. Diesmal nun war ich Zeuge dieser Verwandlung. Es war bald, nachdem der Regen die Landschaft grün und frisch gemacht hatte, eine Stunde am Nachmittag, um die Mitte des April, noch hatte ich in diesem Jahr keinen Kuckuck gehört und keine Narzisse in der Wiese entdeckt. Vor wenigen Tagen noch war ich bei kräftigem Nordwind hier gestanden, fröstelnd und den Kragen hochgeschlagen, und hatte mit Bewunderung zugesehen, wie die Buche gleichmütig im zerrenden Winde stand und kaum ein Blättchen hingab; zäh und tapfer, hart und trotzig hielt sie ihr gebleichtes altes Laub zusammen.

Und jetzt, heute, während ich bei sanfter windstiller Wärme bei meinem Feuer stand und Holz brach, sah ich es geschehen: es erhob sich ein leiser sanfter Windhauch, ein Atemzug nur, und zu Hunderten und Tausenden wehten die so lang gesparten Blätter dahin, lautlos, leicht, willig, müde ihrer Ausdauer, müde ihres Trotzes und ihrer Tapferkeit. Was fünf, sechs Monate festgehalten und Widerstand geleistet hatte, erlag in wenigen Minuten einem Nichts, einem Hauch, weil die Zeit gekommen, weil die bittere Ausdauer nicht mehr nötig war. Hinweg stob und flatterte es, lächelnd, reif, ohne Kampf. Das Windchen war viel zu schwach, um die so leicht und dünn gewordenen kleinen Blätter weit weg zu treiben, wie ein leiser Regen rieselten sie nieder und deckten Weg und Gras zu Füßen des Bäumchens, von dessen Knospen ein paar wenige schon aufgebrochen und grün geworden waren. Was hatte sich mir nun in diesem überraschenden und rührenden Schauspiel offenbart? War es der Tod, der leicht und willig vollzogene Tod des Winterlaubes? War es das Leben, die drängende und jubelnde Jugend der Knospen, die sich mit plötzlich erwachtem Willen Raum geschaffen hatte? War es traurig, war es erheiternd? War es eine Mahnung an mich, den Alten, mich auch flattern und fallen zu lassen, eine Mahnung daran, daß ich vielleicht Jungen und Stärkeren den Raum wegnahm? Oder war es eine Aufforderung, es zu halten wie das Buchenlaub, mich so lang und zäh auf den

Beinen zu halten wie nur möglich, mich zu stemmen und zu wehren, weil dann, im rechten Augenblick, der Abschied leicht und heiter sein werde? Nein, es war, wie jede Schauung, ein Sichtbarwerden des Großen und Ewigen, des Zusammenfalls der Gegensätze, ihres Zusammenschmelzens im Feuer der Wirklichkeit, es bedeutete nichts, mahnte zu nichts, vielmehr es bedeutete alles, es bedeutete das Geheimnis des Seins, und es war schön, war Glück, war Sinn, war Geschenk und Fund für den Schauenden, wie es ein Ohr voll Bach, ein Auge voll Cézanne ist. Diese Namen und Deutungen waren nicht das Erlebnis, sie kamen erst nachher, das Erlebnis selbst war nur Erscheinung, Wunder, Geheimnis, so schön wie ernst, so hold wie unerbittlich. –

Am selben Ort, bei der Weißdornhecke und nahe der Buche, nachdem inzwischen die Welt saftig grün geworden und am Ostersonntag der erste Kuckucksruf in unserem Walde erklungen war, an einem der laufeuchten, wechselvollen, windbewegten Gewittertage, die schon den Sprung vom Frühling in den Sommer vorbereiten, sprach in einem nicht minder gleichnishaften Augenerlebnis das große Geheimnis mich an. Am schwer bewölkten Himmel, der dennoch immer wieder grelle Sonnenblicke in das keimende Grün des Tales warf, fand großes Wolkentheater statt, der Wind schien von allen Seiten zugleich zu wehen, doch wog die Südnordrichtung vor. Unruhe und Leidenschaft erfüllten die Atmosphäre mit starken Spannungen. Und mitten im Schauspiel stand, meinem Blick sich plötzlich aufdrängend, wiederum ein Baum, ein junger schöner Baum, eine frisch belaubte Pappel im Nachbargarten. Wie eine Rakete schoß sie empor, wehend, elastisch, mit spitzem Wipfel, in den kurzen Windpausen straff geschlossen wie eine Zypresse, bei wachsendem Winde mit hundert dünnen, leicht auseinandergekämmten Zweigen gestikulierend. Hin und her wiegte und bäumte sich mit zart blitzendem Flüsterlaub der Wipfel des herrlichen Baumes, seiner Kraft und grünen Jugend froh, mit leisem sprechendem Schwanken wie das Zünglein einer Waage, jetzt wie im Neckspiel nachgebend, jetzt eigenwillig zurückschnellend (viel später erst fiel mir ein, daß ich schon einmal, vor Jahrzehnten, dies Spiel mit offenen Sinnen an einem Pfirsichzweig beobachtet und in dem Gedicht »Der Blütenzweig« nachgezeichnet hatte).

Aus »Aprilbrief«, 1952

Der Blütenzweig

Immer hin und wider
Strebt der Blütenzweig im Winde,
Immer auf und nieder
Strebt mein Herz gleich einem Kinde
Zwischen hellen, dunklen Tagen,
Zwischen Wollen und Entsagen.

Bis die Blüten sind verweht
Und der Zweig in Früchten steht,
Bis das Herz, der Kindheit satt,
Seine Ruhe hat
Und bekennt: voll Lust und nicht vergebens
War das unruhvolle Spiel des Lebens.

Der ferne braune Wald hat seit wenigen Tagen einen heiteren Schimmer von jungem Grün; am Lettensteg fand ich heute die erste halberschlossene Primelblüte; am feuchten klaren Himmel träumen die sanften Aprilwolken, und die weiten, kaum gepflügten Äcker sind so glänzend braun und breiten sich der lauen Luft so verlangend entgegen, als hätten sie Sehnsucht, zu empfangen und zu treiben und ihre stummen Kräfte in tausend grünen Keimen und aufstrebenden Halmen zu erproben, zu fühlen und wegzuschenken. Alles wartet, alles bereitet sich vor, alles träumt und sproßt in einem feinen, zärtlich drängenden Werdefieber – der Keim der Sonne, die Wolke dem Acker, das junge Gras den Lüften entgegen. Von Jahr zu Jahr steh ich um diese Zeit mit Ungeduld und Sehnsucht auf der Lauer, als müßte ein besonderer Augenblick mir das Wunder der Neugeburt erschließen, als müsse es geschehen, daß ich einmal, eine Stunde lang, die Offenbarung der Kraft und der Schönheit ganz sähe und begriffe und miterlebte, wie das Leben lachend aus der Erde springt und junge große Augen zum Lichte aufschlägt. Jahr für Jahr auch tönt und duftet das Wunder an mir vorbei, geliebt und angebetet – und unverstanden; es ist da, und ich sah es nicht kommen, ich sah nicht die Hülle des Keimes brechen und den ersten zarten Quell im Lichte zittern. Blumen stehen plötzlich allerorten, Bäume glänzen mit lichtem Laube oder mit schaumig weißer Blust, und Vögel werfen sich jubelnd in schönen Bogen durch die warme Bläue. Das Wunder ist erfüllt, ob ich es auch nicht gesehen habe, Wälder wölben sich, und ferne Gipfel rufen, und es ist Zeit, Stiefel und Tasche, Angelstock und Ruderzeug zu rüsten und sich mit allen Sinnen des jungen Jahres zu freuen, das jedesmal schöner ist, als es jemals war, und das jedesmal eiliger zu schreiten scheint. – Wie lang, wie unerschöpflich lang ist ein Frühling vorzeiten gewesen, als ich noch ein Knabe war!

Und wenn die Stunde es gönnt und mein Herz guter Dinge ist, leg ich mich lang ins feuchte Gras oder klettere den nächsten tüchtigen Stamm hinan, wiege mich im Geäste, rieche den Knospenduft und das fri-

sche Harz, sehe Zweigenetz und Grün und Blau sich über mir verwirren und trete traumwandelnd als ein stiller Gast in den seligen Garten meiner Knabenzeit. Das gelingt so selten und ist so köstlich, einmal wieder sich dort hinüberzuschwingen und die klare Morgenluft der ersten Jugend zu atmen und noch einmal, für Augenblicke, die Welt so zu sehen, wie sie aus Gottes Händen kam und wie wir alle sie in Kinderzeiten gesehen haben, da in uns selber das Wunder der Kraft und der Schönheit sich entfaltete.

Da stiegen die Bäume so freudig und trotzig in die Lüfte, da sproß im Garten Narziß und Hyazinth so glanzvoll schön; und die Menschen, die wir noch so wenig kannten, begegneten uns zart und gütig, weil sie auf unserer glatten Stirn noch den Hauch des Göttlichen fühlten, von dem wir nichts wußten und das uns ungewollt und ungewußt im Drang des Wachsens abhanden kam. Was war ich für ein wilder und ungebändigter Bub, wieviel Sorgen hat der Vater von klein auf um mich gehabt und wieviel Angst und Seufzer die Mutter! – und doch lag auch auf meiner Stirne Gottes Glanz, und was ich ansah, war schön und lebendig, und in meinen Gedanken und Träumen, auch wenn sie gar nicht frommer Art waren, gingen Engel und Wunder und Märchen geschwisterlich aus und ein.

Beginn der Erzählung »Aus Kinderzeiten«, 1904

Frühlingsnacht

Im Kastanienbaum der Wind
Reckt verschlafen sein Gefieder,
An den spitzen Dächern rinnt
Dämmerung und Mondschein nieder.

Alle Brunnen rauschen kühl
Vor sich hin verworrene Sagen,
Zehnuhrglocken im Gestühl
Rüsten feierlich zum Schlagen.

In den Gärten unbelauscht
Schlummern mondbeglänzte Bäume,
Durch die runden Kronen rauscht
Tief das Atmen schöner Träume.

Zögernd leg ich aus der Hand
Meine warmgespielte Geige,
Staune weit ins blaue Land,
Träume, sehne mich und schweige.

Kastanienbäume

Jeder Ort, an dem wir eine Weile leben, gewinnt erst einige Zeit nach dem Abschiednehmen eine Form in unserem Gedächtnis und wird zu einem Bilde, das unveränderlich bleibt. Solange wir da sind und alles vor Augen haben, sehen wir noch das Zufällige und das Wesentliche fast gleich betont, erst später erlischt das Nebensächliche. Unsere Erinnerung behält nur das, was des Behaltens wert ist; wie könnten wir sonst ohne Angst und Schwindelgefühl auch nur ein Jahr unseres Lebens überschauen!

Zu jenem Bilde, das ein Ort uns hinterläßt, gehören viele Dinge, Wasser und Fels, Dächer und Plätze, für mich aber am meisten die Bäume. Sie sind nicht nur an sich schön und liebenswert und stellen dem Menschenwesen, das sich in den Bauten ausspricht, die Unschuld der Natur entgegen; man kann außerdem auch viel aus ihnen ersehen, über Art und Alter des Kulturbodens, über Klima und Wetter, sowie über den Sinn der Menschen. Wie das Dorf, in dem ich jetzt lebe, später einmal vor meinem Gedächtnis stehen wird, weiß ich nicht, aber ohne Pappeln kann ich es mir nicht vorstellen, so wenig wie den Gardasee ohne Oliven und die Toskana ohne Zypressen. Andere Orte sind mir undenkbar ohne ihre Linden oder Nußbäume, und zwei oder drei sind mir dadurch erkennbar und merkwürdig geworden, daß sie gar keinen Baumwuchs haben.

Eine Stadt oder Landschaft aber, in der keine Art

von Gehölz vorherrscht, wird mir nie ganz zum Bilde und behält für mein Gefühl stets etwas Charakterloses. Ich kenne eine solche Stadt, ich lebte als Knabe zwei Jahre in ihr, und sie ist mir trotz so vieler Erinnerungen als Bild fremd und gleichgültig geworden wie ein Bahnhof.

Eine richtige Kastanienstadt habe ich schon lange nicht mehr gesehen; das fällt mir ein, so oft ich in der Nachbarschaft einmal hier oder dort eine einzelne schöne Roßkastanie stehen sehe, oder mit Bedauern, in manchen Dörfern die schäbigen kleinen Gartenwirtschaftskastanien wahrnehme. Wenn die wüßten, wie Kastanien aussehen können! Wie mächtig sie dastehen, wie üppig sie blühen, wie tief sie rauschen, wie satte volle Schatten sie werfen, wie sie im Sommer von ungeheurer Fülle schwellen und wie im Herbst ihr goldbraunes Laub so dick und weichmassig liegt!

Ich denke heute wieder an die Stadt mit den schönen Kastanienbäumen, eine kleine Stadt im Schwabenland. In ihrer Mitte liegt die alte Burg, ein weitläufiges Geschachtel von massivem Bauwerk, und um die ganze weitläufige Burg herum liegt ein erstaunlich breiter, längst trockener Graben, und um den Graben herum im weiten Ring führt eine prächtige Straße; die hat auf der einen Seite lauter niedere alte Häuser und kleine Gärten, auf der freien Grabenseite aber einen mächtigen Kranz von großen Kastanienbäumen.

Auf der einen Seite hängen Ladenschilder und Wirtsschilder, hier klopfen Schreiner und schmettern Spengler dröhnend auf ihr Blech, hier dämmern die Höhlenwerkstätten der Schuster und stinken geheimnisvoll die Lohgerbereien. Auf der anderen Seite der breiten Straße aber ist Stille und Schatten, Laubgeruch und grünes Lichterspiel, Bienengesang und Schmetterlingsflug. So haben die armen Teufel von Klopfern und Bastlern ihren Fenstern gegenüber einen ewigen Feiertag und Gottesfrieden liegen, nach dem sie häufig Sehnsuchtsblicke schielen, und den sie an warmen Abenden im Sommer nicht zeitig und nicht seufzend genug aufsuchen können.

Acht Tage habe ich einmal in dieser kleinen Stadt gewohnt, und obwohl ich eigentlich in Geschäften dort war, machte ich mir doch eine Lust daraus, den Herren Kaufleuten und Handwerkern gönnerhaft in die Fenster zu schauen und mich recht oft und langsam, vornehm spazierengehend, auf der schattigen Feiertagsseite der Straße und des Lebens zu zeigen. Das Schönste aber war, daß ich am Graben wohnte, in der Wirtschaft zum »Blonden Adler«, und abends und die ganze Nacht die vielen blühenden Kastanien, rote und weiße, vor meinem Fenster hatte. Zwar genoß ich diese Augenlust nicht völlig ohne Opfer, denn der anscheinend trockene Wallgraben war noch feucht genug auf seinem moosgrünen Grunde, um täglich hunderttausend hungrige Gelsen zu entsenden. Aber ein junger Mensch auf Reisen schläft in solchen heißen Sommernächten ohnehin nicht viel, und wenn mir die Mücken zu frech wurden, rieb ich mich mit Essig ein und setzte mich ohne Licht mit einer Zigarre ans Fenster.

Was für höchst wunderliche Abende und Nächte! Sommerduft und leichter warmer Straßenstaub, Mükkengeschwirr und feine, elektrische Schwüle in der Luft verteilt und heimlich zuckend.

Jetzt, nach allen den Jahren, blicken mich diese warmen Abende am Kastaniengraben so köstlich und ergreifend an wie eine Insel im Leben, wie ein Märchen und wie eine verlorene Jugend. Sie schauen so tief und selig und flüstern so betörend süß und heiß und machen so wunderbar traurig wie die Sage vom Paradies und wie das verschollene Sehnsuchtslied von Avalun.

Noch am Nachmittag war ich meistens mit meinen »Geschäften« fertig. Alsdann promenierte ich mit dem herrenmäßigen Hochmut des Nichtstuers ein- oder zweimal den ganzen runden Weg um die Burg herum und genoß die Freiheit und den Müßiggang, zu dem ich damals in mir viel Talent entdeckte. Ach, wenn ich es jemals im Leben noch zu etwas Rechtem bringen wollte (freilich – war das eigentlich wirklich so sehr notwendig, wie man mir immer sagte?), dann mußte ich ja doch noch so bitter viel arbeiten, daß ich mir jetzt die paar geschenkten Tage wohl gönnen durfte.

Alsdann schlenderte ich zur Stadt hinaus und durch die Vorstadtgärten hügelan auf irgendeine hohe, duftende Sommerwiese oder an einen heimlich dämmernden Waldrand. Seit den Knabenzeiten hatte ich nie mehr so müßig und hingegeben den blitzenden Eidechsen und den taumelnden Schmetterlingen zugesehen. Im Bach nahm ich ein Bad oder wusch mir doch den warmen Kopf, und dann zog ich an verborgenen Orten ein kleines Notizbuch mit kariertem Papier heraus und schrieb mit dem spitzesten Bleistift Dinge hinein, deren ich mich schämte, und die mich doch unglaublich froh, ja stolz machten. Vermutlich sind meine Verse damals nichts wert gewesen, und vielleicht würde ich lachen, wenn ich sie wieder sähe. – Nein, ich würde nicht lachen, gewiß nicht. Aber ich möchte noch einmal beim Schreiben, oder bei irgendwelchem Tun, so närrisch froh und herzlich glücklich sein.

So wurde es Abend, und ich ging in das Städtlein zurück. Bei einem Garten nahm ich eine Rose mit und trug sie in der Hand davon, denn wie leicht hätte es geschehen können, daß ich in Lagen kam, in denen man froh ist, eine Rose zur Hand zu haben. Beispielsweise gesprochen, wenn die Tochter des Zimmermanns Kiderlen am Markteck mir in einem günstigen Augenblick begegnet wäre, und ich hätte den Hut gezogen, und sie hätte vielleicht nicht nur genickt, sondern es auf ein Gespräch ankommen lassen, hätte ich da Bedenken getragen, ihr mit passenden Worten die Rose anzubieten? Oder es hätte auch die Martha sein dürfen, die im »Adler« Nichte und Kellnerin war, und nach der man den »Schwarzen Adler« in den blonden umgetauft hatte, und die immer so von oben herunter mit mir tat. Vielleicht war sie gar nicht so.

Und so kam ich in die Stadt herein und lief hin und her durch die paar Gassen, um dem Zufall die Hand zu bieten, und dann kehrte ich in den »Adler« zurück. Im Gang vor der Wirtshaustüre steckte ich meine Rose ins Knopfloch und ging dann hinein, bestellte höflich Schinken mit Senf oder eine Haxe oder ein Ripplein mit Kraut und ließ mir ein Vaihinger Bier dazu geben.

Bis das Essen kam, las ich noch einmal flüchtig in meinem Versbüchlein, machte schnell noch irgendwo einen Strich oder ein Fragezeichen, und dann aß ich und trank und nahm mir für das Reden und Benehmen die älteren und feineren von den Herren Stammgästen zum Muster. Es kam vor, daß der Wirt oder die Wirtin mir nicht nur freundlich einen guten Appetit wünschten, sondern sich auch ein wenig mir gegenüber setzten und ein kleines Gespräch eröffneten. Dann gab ich mit bescheidener Leutseligkeit Auskunft, und es konnte vorkommen, daß ich auch einen kernhaften Spruch, eine politische Meinung oder einen Witz zum Besten gab. Schließlich bezahlte ich mein Abendessen, nahm eine Flasche Helles mit hinauf und stieg in meine Schlafkammer, wo die Gelsen fleißig summten, und wo ich mein Bier zum Kühlhalten ins Waschwasser stecken mußte.

Und dann kamen die wunderlichen Abendstunden. Da saß ich allein auf dem Fenstersims und fühlte halbbewußt, wie schön die Sommernacht und die leichte Schwüle und das geisterhaft bleiche Leuchten der großkerzigen weißen Kastanienblüten war. Und da sah ich beklommen und schwermütig im Dunkel unter den großen Bäumen die Liebespaare gehen, langsam und aneinandergedrängt, und nahm traurig meine Rose aus dem Knopfloch und warf sie zum Fenster hinaus auf die leicht stäubende, weißschimmernde Straße, wo Wagen und Wirtshausgäste und Liebespaare drüber gingen.

Habe ich denn versprochen, etwas zu erzählen? Nein, ich versprach nichts dergleichen, und ich will auch nichts erzählen. Erzählen kann man eine Verlobung und einen Beinbruch. Ich will nur das Lied jener

Sommernächte wieder hören; es ist mir lieber als alle Lieder von Avalun. Ich will mich nur der alten Stadt und der Burg und des Grabens erinnern, damit ich sie nicht ganz vergesse. Ich will nur ein wenig an jene Kastanienbäume denken, nach Jahren wieder einmal, und an mein damaliges Versheftlein, und an alles das, weil es ja nicht wiederkommt.

Unglaublich scheint mir aber, daß das damals nur acht Tage und acht Nächte gewesen sein sollen. Mir ist, ich hätte mehr als hundert Gänge nach dem Walde getan, und mehr als hundert Rosen abgebrochen, und mehr als hundert Rosen an hundert Abenden den schönen Mädchen der Kastanienstadt im Herzen zugedacht und sie nachher betrübt auf die dunkelnde Straße hinabgeworfen, weil niemand sie haben wollte. Freilich, die Rosen waren gestohlen, aber wer hätte das wissen sollen? Nicht die Tochter des Zimmermanns Kiderlen und nicht die blonde Martha, und wenn eine von ihnen die gestohlene Rose von mir hätte haben wollen, ich hätte ihr gern hundert gekaufte dazu geschenkt.

1904

Traum

Es ist immer derselbe Traum:
Ein rotblühender Kastanienbaum,
Ein Garten, voll von Sommerflor,
Einsam ein altes Haus davor.

Dort, wo der stille Garten liegt,
Hat meine Mutter mich gewiegt;
Vielleicht – es ist so lange her –
Steht Garten, Haus und Baum nicht mehr.

Vielleicht geht jetzt ein Wiesenweg
Und Pflug und Egge drüber weg,
Von Heimat, Garten, Haus und Baum
Ist nichts geblieben als mein Traum.

Der Pfirsichbaum

Heut nacht ging der Föhn gewaltig und erbarmungslos über das geduldige Land, über die leeren Felder und Gärten, durch die dürren Reben und den kahlen Wald, zerrte an jedem Ast und Stamm, heulte fauchend vor jedem Hindernis, klapperte knöchern im Feigenbaum und trieb die Wolken welken Laubes in Wirbeln bis in alle Höhen. Sauber in große Haufen hingestrichen lag es am Morgen, plattgedrückt und geduckt, hinter jeder Ecke und jedem Mauervorsprung, die einen Windschutz boten.

Und als ich in den Garten kam, war ein Unglück geschehen. Der größte von meinen Pfirsichbäumen lag am Boden, nahe über der Erde abgebrochen und über die steile Böschung des Rebbergs hinabgestürzt. Sie werden ja nicht sehr alt, diese Bäume, und gehören nicht zu den Riesen und Helden, sie sind zart und anfällig, gegen Verletzungen überempfindlich, ihr harziger Saft hat etwas von altem, überzüchtetem Adelsblut. Es war kein besonders edler oder schöner Baum, der da gefallen war, aber er war eben doch der größte meiner Pfirsichbäume gewesen, ein alter Bekannter und Freund, schon länger als ich auf diesem Grundstück heimisch. Jedes Jahr hatte er bald nach der Mitte des März seine Knospen geöffnet und seine rosig blühende, schaumige Krone kraftvoll vom Blau des Schönwetterhimmels und unendlich zart vom Grau eines Regenhimmels abgehoben, hatte in den launigen Böen frischer Apriltage geschaukelt, durchflogen von den goldenen Flammen der Zitronenfalter, hatte sich gegen den bösen Föhn gestemmt, war still und wie träumerisch im nassen Grau der Regenzeiten gestanden, leicht gebeugt zu seinen Füßen niederblickend, wo mit jedem Regentag das Gras der steilen Rebhänge grüner und fetter wurde. Manchmal hatte ich einen kleinen blühenden Zweig von ihm mit ins Haus und Zimmer genommen, manchmal ihm zur Zeit, wo die Früchte schwer zu werden begannen, mit einer Stütze geholfen, manchmal auch hatte ich in frühern Jahren, frech genug, ihn in seiner Blütezeit zu malen versucht. In allen Jahreszeiten hatte er dagestanden, seinen Ort in meiner kleinen Welt gehabt und mit dazu gehört, hatte Hitze und Schnee, Sturm und Stille miterlebt, hatte seinen Ton zum Liede, seinen Klang zum Bilde beigetragen, war allmählich hoch über die Rebenpfähle hinausgewachsen und hatte Generationen von Eidechsen, Schlangen, Schmetterlingen und Vögeln überdauert. Er war nicht ausgezeichnet, nicht besonders beachtet, aber unentbehrlich gewesen. Zur Zeit der beginnenden Reife hatte ich jeden Morgen den kleinen Abstecher vom Treppenwegchen zu ihm hinüber gemacht, die in der Nacht gefallenen Pfirsiche aus dem feuchten Grase gelesen und sie in der Tasche, im Korb oder auch im Hut mit zum Hause hinauf gebracht und auf die Terrassenbrüstung an die Sonne gelegt.

Nun war am Ort, der diesem alten Bekannten und Freund gehört hatte, ein Loch entstanden, die kleine Welt hatte einen Riß, durch den das Leere, das Finstre, der Tod, das Grauen hereinblickte. Traurig lag der gebrochene Stamm, das Stammholz sah mürbe und etwas schwammig aus, die Äste waren im Sturz geknickt, in zwei Wochen vielleicht hätten sie wieder einmal ihre rosenrote Frühlingskrone getragen und den blauen oder grauen Himmeln entgegengehalten. Nie mehr würde ich einen Zweig, nie mehr eine Frucht von ihm pflücken, nie mehr die eigenwillige und etwas phantastische Struktur einer Verästelung nachzuzeichnen versuchen, nie mehr am heißen Sommermittag vom Treppenweg zu ihm hinübergehen, um einen Augenblick in seinem dünnen Schatten zu rasten. Ich rief Lorenzo, den Gärtner, und wies ihn an, den Gestürzten zum Stall zu tragen. Da würde er am nächsten Regentag, wenn es gerade keine andre Arbeit gab, zu Brennholz zersägt werden. Unmutig sah ich ihm nach. Ach, daß auch auf Bäume kein Verlaß ist, daß auch sie einem abhanden kommen, einem wegsterben, einen eines Tages im Stich lassen und ins große Dunkel hinüber verschwinden können!

Ich sah Lorenzo nach, der schwer an dem Stamm zu schleppen hatte. Leb wohl, mein lieber Pfirsichbaum! Wenigstens bist du, und dafür preise ich dich glücklich, einen anständigen, einen natürlichen und richtigen Tod gestorben, hast dich gestemmt und gehalten, bis es nicht mehr ging und dir der große Feind die Glieder aus den Gelenken drehte. Du hast nachgeben müssen, bist gestürzt und von deiner Wurzel getrennt worden. Aber du bist nicht von Fliegerbomben zersplittert, nicht von teuflischen Säuren verbrannt, nicht wie Millionen aus der heimatlichen Erde gerissen, mit blutenden Wurzeln wieder flüchtig eingepflanzt und bald aufs neue gepackt und heimatlos gemacht worden, du hast nicht Untergang und Zerstörung, Krieg und Schändung um dich her erleben und im Elend absterben müssen. Du hast ein Schicksal gehabt, wie es deinesgleichen zukommt und ansteht. Dafür preise ich dich glücklich; du bist besser und schöner alt geworden und bist würdiger gestorben als wir, die wir uns in unsern alten Tagen gegen das Gift und Elend einer verpesteten Welt zu wehren haben und jeden Atemzug sauberer Luft der ringsum fressenden Verderbnis abkämpfen müssen.

Als ich den Baum hatte liegen sehen, hatte ich wie immer bei einem solchen Verluste an Ersatz gedacht, an Neupflanzen. An der Stelle des Gestürzten würden wir ein Loch graben und es eine gute Weile offen stehen lassen, der Luft, dem Regen und der Sonne ausgesetzt, in das Loch würden wir mit der Zeit etwas Mist, etwas Dung vom Unkrauthaufen, und allerlei mit Holzasche gemischte Abfälle tun, und dann eines Tages, womöglich bei einem sanften lauen Regen, ein neues, junges Bäumchen pflanzen. Es würde auch diesem Jungen, diesem Baumkind, Erde und Luft hier leidlich behagen, auch es würde zum Kameraden und guten Nachbarn der Reben, der Blumen, der Eidechsen, der Vögel und der Schmetterlinge werden, würde in ein paar Jahren Früchte tragen, würde jeden Frühling in der zweiten Hälfte des März seine lieben Blüten treiben und, wenn das Schicksal ihm wohlwollte, einmal als ein alter müdgewordener Baum irgendeinem Sturm oder Erdrutsch oder Schneedruck zum Opfer fallen.

Aber ich konnte mich diesmal nicht zum Nachpflanzen entschließen. Ich hatte ziemlich viele Bäume in meinem Leben gepflanzt, es kam auf den einen nicht an. Und es wehrte sich etwas in mir dagegen, auch hier und diesmal wieder den Kreislauf zu erneuern, das Rad des Lebens aufs neue anzutreiben, dem gefräßigen Tode eine neue Beute heranzuzüchten. Ich mochte nicht. Die Stelle soll leer bleiben.

1945

Voll Blüten

Voll Blüten steht der Pfirsichbaum,
Nicht jede wird zur Frucht,
Sie schimmern hell wie Rosenschaum
Durch Blau und Wolkenflucht.

Wie Blüten gehn Gedanken auf,
Hundert an jedem Tag –
Laß blühen! laß dem Ding den Lauf!
Frag nicht nach dem Ertrag!

Es muß auch Spiel und Unschuld sein
Und Blütenüberfluß,
Sonst wär die Welt uns viel zu klein
Und Leben kein Genuß.

Ich sah Matten und Hänge und erdige Felsritzen mit Gräsern, Blumen, Farnen und Moosen bedeckt, denen die alte Volkssprache merkwürdige, ahnungsvolle Namen gegeben hatte. Sie lebten, Kinder und Enkel der Berge, farbig und harmlos an ihren Stätten. Ich befühlte sie, betrachtete sie, roch ihren Duft und lernte ihre Namen. Ernster und tiefer berührte mich der Anblick der Bäume. Ich sah jeden von ihnen sein abgesondertes Leben führen, seine besondere Form und Krone bilden und seinen eigenartigen Schatten werfen. Sie schienen mir, als Einsiedler und Kämpfer, den Bergen näher verwandt, denn jeder von ihnen, zumal die höher am Berge stehenden, hatte seinen stillen zähen Kampf um Bestand und Wachstum, mit Wind, Wetter und Gestein. Jeder hatte seine Last zu tragen und sich festzuklammern, und davon trug jeder seine eigene Gestalt und besondere Wunden. Es gab Föhren, denen der Sturm nur auf einer einzigen Seite Äste zu haben erlaubte, und solche, deren rote Stämme sich wie Schlangen um überhängende Felsen gebogen hatten, so daß Baum und Fels eins das andere an sich drückte und erhielt. Sie sahen mich wie kriegerische Männer an und erweckten Scheu und Ehrfurcht in meinem Herzen.

Aus »Peter Camenzind«

Die Birke

Eines Dichters Traumgerank
Mag sich feiner nicht verzweigen,
Leichter nicht dem Winde neigen,
Edler nicht ins Blaue steigen.

Zärtlich, jung und überschlank
Lässest du die lichten, langen
Zweige mit verhaltnem Bangen
Jedem Hauche regbar hangen.

Also wiegend leis und schwank
Willst du mir mit deinen feinen
Schauern einer zärtlich reinen
Jugendliebe Gleichnis scheinen.

Mai im Kastanienwald

Jetzt, in den ersten Maitagen und dann wieder im Spätherbst, hat die südliche Berglandschaft ihre schönsten Tage. Den ganzen Sommer hindurch sind alle Hügel und niedrigen Berge mit Wald bedeckt. Das ganze Land ist um diese Zeit grün, grün, grün, und wenn nicht überall die farbigen, blank hervorleuchtenden Dörfer dazwischen lägen und von weitem ein paar Schneeberge in die Landschaft hereinblickten, so wäre es beinahe langweilig. Jetzt dagegen, wo die Kastanien eben erst beginnen Blätter zu bekommen, wo der ganze Wald noch leicht durchsichtig ist, wo die letzten wilden Kirschbäume verblühen und die ersten Akazien zu blühen anfangen, jetzt ist der südliche Wald entzückend mit seinem brennend frischen, ins Rötliche spielenden Grün, das noch so dünn und schwebend ist und noch den Himmel und die Sterne und die fernen Gebirge überall hereinblicken läßt.

König des Waldes ist um diese Zeit der Kuckuck, überall in den stillen einsamen Tälern, auf den sonnigen Waldkuppen, in den schattigen Schluchten hört man seine tiefe Stimme werben. Sein Ruf bedeutet Frühling, sein Lied singt Unsterblichkeit, nicht umsonst ist er es, den man um die Zahl der Lebensjahre fragt. Warm und tief klingt seine Stimme durch die Wälder, sie klingt hier im Alpensüden nicht anders, als sie einst zu meinen Kinderzeiten im Schwarzwald und im Rheintal geklungen hat, nicht anders als sie einst in den Jahren am Bodensee klang, wo meine Söhne sie als

Kinder zum erstenmal hörten. Sie ist die gleiche geblieben wie die Sonne, wie der Wald, wie das Grün der jungen Blätter und das Weiß und Violett der ziehenden Maiwolken. Jahr um Jahr ruft der Kuckuck, und niemand weiß, ob es noch der vom vorigen Jahr sei, und was aus den Kuckucken geworden ist, die wir als Kinder, als Knaben, als Jünglinge einst gehört haben.

Diese holde tiefe Stimme klang einst wie Verheißung und Zukunft, wie Liebeswerben, wie Sturmruf, dem Glück entgegen, und klingt jetzt wie Vergangenheit; und dem Kuckuck gilt es gleich, ob wir es sind,

denen er seine Mahnung zuruft, oder schon unsere Kinder und Enkel, ob er uns mit seinem Schrei in der Wiege weckt oder ob er über unsern Gräbern singt. Selten sieht man ihn, den scheuen Bruder, schon darum liebe ich ihn. Er zeigt sich nicht leicht, er will für sich bleiben. Für die allermeisten Menschen ist der Kuckuck nichts als diese schöne, tiefe, lockende Stimme im Grünen – gehört haben sie ihn viele tausendmal, gesehen haben sie ihn nie. Ich habe gestern ein ganzes Rudel von etwa zwölfjährigen Schulknaben gefragt, ob sie den »Kück« schon gesehen hätten, und bloß ein einziger sagte ja.

Ich aber habe ihn oft gesehen, den scheuen Bruder, meinen frohen Waldvetter, der den meisten unsichtbar bleibt, und von dem so entzückend frische und heimatlose Geschichten erzählt werden. Unsichtbar, beherrscht er doch zwei Monate lang den ganzen Wald als König. Ein tönender, herausfordernder Herold der Liebe, hält er von Ehe, Heim und Kinderzucht wenig. Rufe weiter, Bruder Kuckuck, du gehörst zu meinen Lieblingstieren. Ich stehe ja mit allen Tieren gut, obwohl ich selbst zu den Raubtieren gehöre, ich komme mit allen gut aus, kenne viele, habe an vielen meinen Spaß, auch an scheuen und wenig bekannten, sogar das kleine, angstvolle und doch so freche Hochlandfüchschen[1] ist mir nicht entgangen. Und dieser Tage ist es mir wieder einmal geglückt, den Kuckuck zu sehen, und nicht einen allein, sondern ein Paar, ihn und sie. Ich sah sie vom Grunde eines Tobels aus, in dem ich Maiblumen pflückte, und ich stand eine gute Weile still wie ein verdorrter Baum, sie merkten mich nicht. Spielend jagten sie sich in den hohen Wipfeln (es stehen dort zwischen dem Kastanienwald auch hohe Eschen) auf und ab, in jubelnden Girlanden ging ihr froher, geschmeidiger Flug, langgestreckt sausten die großen, dunklen Vögel von Baum zu Baum, in immer überraschenden, plötzlichen, wilden Wendungen, plötzlich senkrecht zur Erde, plötzlich wie Raketen in die Wipfel, und alle Augenblicke saßen sie ab, kürzer als eine Sekunde, und stießen scharf und erregt ihren Schrei hervor.

1 Anspielung auf den Redakteur der Zeitschrift »Hochland«.

Nicht in jedem Jahr meines Lebens habe ich den Kuckuck zu Gesicht bekommen, alles in allem vielleicht ein Dutzend Mal, und nun wird er mir nicht mehr oft begegnen, die Beine wollen nicht mehr so recht, bald wird der scheue Bruder Kück nur noch meinen Söhnen und Enkeln singen. Hört ihm gut zu, ihr Enkel, er weiß viel, lernt von ihm! Lernt von ihm den kühnen, freudebebenden Frühlingsflug, den werbenden, warmen Lockruf, das schweifende Wanderleben, die Verachtung des Philisters, das Füchslein vom Hochland einbegriffen!

Jeden Tag bringe ich einige Stunden im Walde zu, schon blühen neben Anemone und Lungenkraut auch Salomonsiegel und Maiblume und die fleckige Orchis. Ich male zuweilen im Walde, zuweilen liege ich im Gras und schlafe, zuweilen liege ich und lese. Als Frühlingsfutter für diese schönen Tage habe ich mir aus dem Bücherhaufen, den die Verleger bei mir abladen, einige Goldkörner gepickt, die liegen bereit, häufig nehme ich eins dieser lieben Bücher mit zu den Maiblumen, zur Orchis und zum Kuckuck.

Dazu gehört »Im Schatten der jungen Mädchen« von Marcel Proust, deutsche Ausgabe im Verlag »Die Schmiede« in Berlin. Vor drei Jahren noch, als Proust endlich anfing, auch in Deutschland beachtet zu werden, sprachen unsere Kritiker von ihm flüsternd und geheimnisvoll wie von einem vergrabenen Schatz – heut' sind sie schon wieder mit ihm fertig und finden, er sei doch eben nur ein schwächlicher, entnervter Mensch mit Gefühlen zweiten Ranges. Möge den Kerls Schimmel auf der Zunge wachsen! Ich kümmere mich

den Teufel um sie, ich bin froh, daß es etwas so beseelt Schönes, etwas so Warmes, Blumiges und Liebenswertes gibt wie die Gespinste dieses zarten Dichters, der nun schon lange den Kuckuck nicht mehr rufen hört.

Ich las auch mehrere Novellen von Gorki wieder, in der schönen Gesamtausgabe des Dichters, die im Malik-Verlag in Berlin erscheint und der schon acht Bände herausgebracht hat. Gorki ist mir nicht seiner proletarischen Herkunft wegen lieb, noch auch wegen seines schönen und edlen Gesinnungsprogramms – das alles kann man haben, auch ohne ein Dichter zu sein –, sondern wegen einiger unvergeßlicher Bilder, die so

brennend gesehen, so schmerzvoll sprechend hingezeichnet sind, wie nur die Großen es können.

Dicht daneben stelle ich die Bilderbücher von Frans Masereel, die der Münchener Verlag Kurt Wolff jetzt zum Teil auch in billigen kleinen Volksausgaben gebracht hat. »Mein Stundenbuch« oder »Die Sonne«, das sind lebendigere, echtere Zeugen unserer Zeit und des Menschentums in seiner heutigen Not und heutigen Ekstase, als tausend Dichtungen und Schilderungen, ihr Schwung und frohes Pathos, ihre Nachdenklichkeit und Mahnung spricht zu Tausenden, denen Worte nicht beikommen. Kein anderer Künstler spricht das

Lebensgefühl unserer Zeit so kräftig und so allgemeinverständlich aus.

Eine glänzende Novelle fand ich in dem Buch »Ein Pfeil vom Himmel« von Chesterton (deutsch im Verlag »Die Schmiede« in Berlin). Ein ganz famoser Kopf, dieser Chesterton, es ist jedesmal eine Freude, ihm zu begegnen. Aber so ein klein wenig schade ist es vielleicht doch, daß ein solcher Mann nichts anderes macht als solche geistvolle Scherze. Nun, möge es das Spiel einer Arbeitspause sein!

Gerne lese ich zu Zeiten auch einige Seiten der kleinen Prosa von Polgar, die so scheinbar anspruchslos in ihrem kleinen Format daherkommt und so voll guter Rasse ist. Es ist von ihm ein neuer Band »Orchester von oben« erschienen, bei E. Rowohlt in Berlin.

Zwei Nachmittage verbrachte ich auch, im Moos unter einer alten, noch kahlen Kastanie, mit den »Künstlerbriefen über Kunst«, einer Auswahl von Briefen von Malern und anderen Künstlern aus fünf Jahrhunderten, die Uhde-Bernays zusammengestellt hat (Verlag von Wolfgang Jeß, Dresden), von den fünf Jahrhunderten hat allerdings das neunzehnte den Löwenanteil abbekommen. Ich werde dies schöne Buch voll von Künstlerbekenntnissen einem jungen Maler schenken, als Begleiter auf seine erste Reise nach Paris.

Und dann habe ich da noch »Das Schloß« von Franz Kafka, einen Roman aus dem Nachlaß dieses verkannten Dichters, eine Dichtung voll tiefen, magischen Spiels (bei Kurt Wolff, München). Es soll in Deutschland noch immer einige Personen geben, welche fähig sind, einer Dichtung genießend gerecht zu werden –

mag es auch nur eine Legende sein, ich wende mich an diese legendäre Gemeinde und verspreche ihr, sie werde in Kafkas »Schloß« einen echten Edelstein finden. Sollten jene paar echten Leser wirklich noch existieren, so werden sie in diesem Roman nicht bloß den Zauber und Beziehungsreichtum eines Traumes, mit echter Traumlogik, finden, sondern auch eine deutsche Prosa von ganz einziger Sauberkeit und Strenge.

Bald wird es hier Sommer sein. Bald wird der Wald dichtgrün zusammenwachsen, und in den Lichtungen wird das dünne, zarte Waldgras hochschießen, und nachts werde ich die Eulen rufen hören – und auch die Eule ist ein Vogel, vor dem ich große Hochachtung habe, nicht minder als vor dem Kuckuck. Auch sie ist scheu und selten sichtbar, und versteht so weich und traumhaft lautlos zu fliegen wie eine Wolke, außerdem ist sie ein Raubvogel, mit scharfem, festem Fang und Schnabel, und gescheiter als viele andere Tiere, von Menschen gar nicht zu reden. Bald wird es Sommer sein, neue Töne werden den Wald erfüllen, neue Düfte, neue Farben, und was heut' grün und klein und keimend aus dem Boden ragt, wird dann alt und starr und braun geworden sein. Und auch der Kuckuck wird verstummen, auch er, und nur die Sonne scheint weiter, und die Sterne, und auch die Verleger schicken nach wie vor ihre vortrefflichen Bücher.

1927

Schwarzwald

Seltsam schöne Hügelfluchten,
Dunkle Berge, helle Matten,
Rote Felsen, braune Schluchten,
Überflort von Tannenschatten!

Wenn darüber eines Turmes
Frommes Läuten mit dem Rauschen
Sich vermischt des Tannensturmes,
Kann ich lange Stunden lauschen.

Dann ergreift wie eine Sage,
Nächtlich am Kamin gelesen,
Das Gedächtnis mich der Tage,
Da ich hier zu Haus gewesen.

Da die Fernen edler, weicher,
Da die tannenforstbekränzten
Berge seliger und reicher
Mir im Knabenauge glänzten.

Drüben stand einsam ein altes Wirtshaus, dessen Dach ich von weitem erkannte. Es stand wie sonst, sah aber doch sonderbar verändert aus, ich wußte nicht gleich warum. Erst als ich mir Mühe gab, mich genau zu besinnen, fiel mir ein, daß vor dem Wirtshaus immer zwei hohe Pappeln gestanden waren. Diese Pappeln waren nicht mehr da. Ein uralt vertrauter Anblick war zerstört, eine liebe Stelle geschändet.

Da stieg mir eine böse Ahnung auf, es möchte noch mehr und noch Edleres verdorben sein. Mit einemmal fühlte ich mit beklemmender Neuheit, wie sehr ich meine Heimat liebte, wie tief mein Herz und Wohlsein abhängig war von diesen Dächern und Türmen, Brücken und Gassen, von den Bäumen, Gärten und Wäldern. In neuer Erregung und Sorge lief ich rascher, bis ich drüben bei dem Festplatze war.

Da stand ich still und sah den Ort meiner liebsten Erinnerungen namenlos verwüstet in völliger Zerstörung liegen. Die alten Kastanien, in deren Schatten wir unsere Festtage gehabt hatten und deren Stämme wir als Schulknaben zu dreien und vieren kaum hatten umarmen können, die lagen abgebrochen, geborsten, mit den Wurzeln ausgerissen und umgestülpt, daß hausgroße Löcher im Boden klafften. Nicht einer stand mehr an seinem Platze, es war ein schauerhaftes Schlachtfeld, und auch die Linden und die Ahorne waren gefallen, Baum an Baum. Der weite Platz war ein ungeheurer Trümmerhaufen von Ästen, gespalte-

nen Stämmen, Wurzeln und Erdblöcken, mächtige Stämme standen noch im Boden, aber ohne Baum, abgeknickt und abgedreht mit tausend weißen, nackten Splittern.

Es war nicht möglich weiterzugehen, Platz und Straße waren haushoch von durcheinandergeworfenen Stämmen und Baumtrümmern gesperrt, und wo ich seit den ersten Kinderzeiten nur tiefen heiligen Schatten und hohe Baumtempel gekannt hatte, starrte der leere Himmel über der Vernichtung.

Mir war, als sei ich selber mit allen geheimen Wurzeln ausgerissen und in den unerbittlich grellen Tag gespien worden. Tagelang ging ich umher und fand keinen Waldweg, keinen vertrauten Nußbaumschatten, keine von den Eichen der Bubenkletterzeit mehr wieder, überall weit um die Stadt nur Trümmer, Löcher, gebrochene Waldhänge wie Gras hingemäht, Baumleichen klagend mit entblößtem Wurzelwerk zur Sonne gekehrt. Zwischen mir und meiner Kindheit war eine Kluft aufgebrochen, und meine Heimat war nicht die alte mehr. Die Lieblichkeit und die Torheit der gewesenen Jahre fielen von mir ab, und bald darauf verließ ich die Stadt, um ein Mann zu werden und das Leben zu bestehen, dessen erste Schatten mich in diesen Tagen gestreift hatten.

Schluß der Erzählung »Der Zyklon«, 1913

Tagebuchblatt

Am Abhang hinterm Hause hab ich heute
Durch Wurzelwerk und Steinicht eine Grube
Gehauen und gegraben, tief genug,
Und jeden Stein aus ihr entfernt und auch
Die spröde, dünne Erde weggetragen.
Dann kniet ich eine Stunde da und dort
Im alten Wald und sammelte mit Kelle
Und Händen aus vermoderten
Kastanienstrünken jene schwarze, mulmige
Walderde mit dem warmen Pilzgeruch,
Zwei schwere Kübel voll, trug sie hinüber
Und pflanzte in die Grube einen Baum,
Umgab ihn freundlich mit der torfigen Erde,
Goß sonngewärmtes Wasser langsam zu
Und schwemmte, schlämmte sanft die Wurzel ein.

Da steht er, klein und jung, und wird da stehen,
Wenn wir verschollen sind und unserer Tage
Lärmige Größe und unendliche Not
Vergessen ist und ihre irre Angst.
Föhn wird ihn beugen. Regenwind ihn zausen,
Sonne ihm lachen, nasser Schnee ihn drücken,
Zeisig und Kleiber werden ihn bewohnen,
An seinem Fuß der stille Igel wühlen.
Und was er je erlebt, geschmeckt, erlitten,
Der Jahre Lauf, wechselnde Tiergeschlechter,

Bedrückung, Heilung, Wind- und Sonnen-
freundschaft,
Wird täglich aus ihm strömen im Gesang
Des rauschenden Laubes, in der freundlichen
Gebärde seines sanften Wipfelwiegens,
Im zarten süßen Duft des harzigen Saftes,
Der seine schlafverklebten Knospen feuchtet,
Im ewigen Spiel der Lichter und der Schatten,
Das er zufrieden mit sich selber spielt.

1939

Lindenblüte

Jetzt blühen wahrhaftig schon die Linden wieder, und am Abend, wenn es zu dunkeln beginnt und wenn die schwere Arbeit getan ist, kommen die Frauen und die Mädchen daher, steigen an der Leiter in die Äste hinauf und pflücken sich ein Körblein voll Lindenblüten. Davon machen sie späterhin, wenn jemand krank wird und Nöte hat, einen heilsamen Tee. Sie haben recht; warum soll die Wärme, die Sonne, die Freude und der Duft dieser wundersamen Jahreszeit so ungenützt vergehen? Warum soll nicht in Blüten oder sonstwo etwas davon verdichtet und greifbar hängenbleiben, daß wir es holen, heimtragen und später einmal in kalten und bösen Zeiten einen Trost daran haben können?

Wenn man nur von allem Schönen so einen Beutel voll aufbewahren und für bedürftige Zeiten aufsparen könnte! Freilich, es wären doch nur künstliche Blumen mit künstlichem Duft. Alle Tage rauscht die Fülle der Welt an uns vorüber; alle Tage blühen Blumen, strahlt das Licht, lacht die Freude. Manchmal trinken wir uns daran dankbar satt, manchmal sind wir müde und verdrießlich und mögen nichts davon wissen; immer aber umgibt uns ein Überfluß des Schönen. Das ist das Herrliche an jeder Freude, daß sie unverdient kommt und niemals käuflich ist; sie ist frei und ein Gottesgeschenk für jedermann, wie der wehende Duft der Lindenblüte. Die Frauen, die emsig in den Ästen hocken und einsammeln, die haben hernach einen Tee für

Atemnot und Fieber, aber das Beste und wahrhaft Feine davon haben sie nicht. Das haben nicht einmal die sommerabendlichen, lustwandelnden Liebespaare in ihrer süßen, dumpfen Trunkenheit; aber der Wanderer hat es, der vorübergeht und tiefer atmet. Der Wanderer hat das Beste und Zarteste von allen Genüssen, weil er neben dem Schmecken auch noch das Wissen von der Flüchtigkeit aller Freude hat. Ihn kümmert es wenig, daß er nicht an jedem Brunnen trinken kann, und der Überfluß ist ihm gewohnt; dafür schaut er auch dem Verlorenen nicht lange nach und begehrt nicht an jedem Orte, wo es einmal gut sein war, gleich

Wurzeln zu schlagen. Es gibt solche Lustreisende, die gehen Jahr für Jahr an denselben Ort, und es gibt viele, die können von keinem schönen Anblick Abschied nehmen, ohne daß sie beschließen, recht bald wieder herzukommen. Das mögen gute Leute sein, aber gute Wanderer sind sie nicht. Sie haben etwas von der dumpfen Trunkenheit der Liebesleute und etwas von dem sorglichen Sammlersinn der Lindenblütenpflückerinnen. Aber den Wandersinn haben sie nicht, den stillen, ernst-fröhlichen, immer abschiednehmenden.

Hier ist gestern einer durchgewandert, ein reisender Handwerksbursche, der grüßte in seiner Bettlerfreiheit die Sammler und Bewohner auf eine spöttische Art. Er nahm an der großen Linde, die voller Weibsleute war, die Leiter weg und ging davon, und obwohl ich selber den Frauen die Leiter wieder hingetragen und ihr Schmähen besänftigt habe, hat der Streich mich doch gefreut.

Oh, ihr Wanderburschen, ihr fröhlichen Leichtfüße, jedem von euch, auch wenn ich ihm einen Fünfer geschenkt habe, sehe ich wie einem König nach, mit Hochachtung, Bewunderung und Neid. Jeder von euch, auch der Verlottertste, hat eine unsichtbare Krone auf; jeder von euch ist ein Glücklicher und ein Eroberer. Auch ich bin euresgleichen gewesen, und weiß, wie Wanderschaft und Fremde schmeckt. Sie schmeckt, trotz Heimweh und Mangel und Unsicherheit, gar süß.

Und immerzu strömt der honigsüße Duft aus den alten Bäumen den Weg entlang durch den lauen Som-

merabend. Kinder singen unten am Strande und spielen mit Windmühlen aus rotem und gelbem Papier. Liebespaare spazieren langsam und lässig an den Hecken hin, und durch den rotgoldenen Staub der Straße surren Bienen und Hummeln in verzückten Kreisen und mit goldenem Getöne.

Wahrlich, ich beneide die Liebespaare an den Hekken nicht um ihre süße, dumpfe Trunkenheit, so wenig ich die spielenden Kinder um ihre rechenschaftslose Seligkeit beneide oder die schwärmenden Bienen um ihren taumelnden Flug. Nur die Wanderburschen beneide ich. Die haben den Duft und die Blüte von allem.

Noch einmal jung, unwissend, ungebunden, frech und neugierig in die Welt hineinzulaufen, hungrige Kirschenmahlzeiten am Straßenrande zu halten und bei den Kreuzwegen das »rechts oder links« an den Rockknöpfen abzuzählen! Noch einmal kurze, laue, duftende Sommernächte unterwegs im Heu verschlafen, noch einmal eine Wanderzeit in harmloser Eintracht mit den Vögeln des Waldes, mit den Eidechsen und Käfern leben! Das wäre wohl einen Sommer und ein Paar neue Stiefelsohlen wert. Aber es kann nicht sein. Es hat keinen Wert, die alten Lieder zu singen, den alten Wanderstab zu schwingen, die alten, lieben, staubigen Straßen zu gehen und sich einzubilden, man sei nun wieder jung und alles sei, wie es damals war.

Nein, das ist vorbei. Nicht, daß ich alt oder ein Philister geworden wäre! Ach, ich bin vielleicht törichter und zügelloser als je, und zwischen mir und den klugen Leuten und ihren Geschäften ist noch immer kein Verständnis und kein Bündnis aufgekommen. Ich höre auch immer noch, wie in den drängendsten Jünglingszeiten, die Stimme des Lebens in mir rufen und mahnen, und ich habe nicht im Sinn, ihr ungetreu zu werden. Aber sie ruft nicht mehr zu Wanderschaft und Freundschaft und zu Zechgelage mit Fackeln und Gesang, sondern sie ist leise und dringlich geworden und führt mich immer einsamere, dunklere, stillere Wege, von denen ich noch nicht weiß, ob sie in Lust oder in Leid enden sollen, die ich aber gehen will und gehen muß.

Ich hatte mir als junger Mensch das Mannesalter ganz anders vorgestellt. Nun ist es auch wieder ein Warten, Fragen und Unruhigsein, mehr Sehnsucht als Erfüllung. Die Lindenblüten duften, und Wanderburschen, Sammelweiber, Kinder und Liebespaare scheinen alle einem Gesetz zu gehorchen und wohl zu wissen, was sie zu tun haben. Nur ich weiß nicht, was

ich zu tun habe. Ich weiß nur: weder die rechenschaftslose Seligkeit der spielenden Kinder noch das gleichmütige Vorübergehen der Wanderer, weder die dumpfe Trunkenheit der Liebesleute noch der sorgliche Sammelsinn der Blütenpflückerinnen ist mir beschieden. Beschieden ist mir, der Stimme des Lebens zu folgen, die in mir ruft, ihr zu folgen, auch wenn ich ihren Sinn und ihr Ziel nicht zu erkennen vermag und auch wenn sie mich immer mehr von der fröhlichen Straße hinweg in das Dunkle und Ungewisse führen will.

1907

Landstreicherherberge

Wie fremd und wunderlich das ist,
Daß immerfort in jeder Nacht
Der leise Brunnen weiterfließt,
Vom Ahornschatten kühl bewacht.

Und immer wieder wie ein Duft
Der Mondschein auf den Giebeln liegt
Und durch die kühle, dunkle Luft
Die leichte Schar der Wolken fliegt!

Das alles steht und hat Bestand,
Wir aber ruhen eine Nacht
Und gehen weiter über Land,
Wird uns von niemand nachgedacht.

Und dann, vielleicht nach manchem Jahr,
Fälllt uns im Traum der Brunnen ein
Und Tor und Giebel, wie es war
Und jetzt noch und noch lang wird sein.

Wie Heimatahnung glänzt es her
Und war doch nur zu kurzer Rast
Ein fremdes Dach dem fremden Gast,
Er weiß nicht Stadt nicht Namen mehr.

Wie fremd und wunderlich das ist,
Daß immerfort in jeder Nacht
Der leise Brunnen weiterfließt,
Vom Ahornschatten kühl bewacht!

Klage um einen alten Baum

Seit bald zehn Jahren, seit dem Ende des frischen, fröhlichen Krieges, hat meine tägliche Gesellschaft, mein dauernder vertraulicher Umgang nicht mehr aus Menschen bestanden. Zwar fehlt es mir nicht an Freunden und an Freundinnen, aber der Umgang mit ihnen ist eine festliche, nicht alltägliche Angelegenheit, sie besuchen mich zuweilen, oder ich besuche sie: das dauernde und tägliche Zusammenleben mit anderen Menschen habe ich mir abgewöhnt. Ich lebe allein, und so kommt es, daß im kleinen und täglichen Umgang an die Stelle der Menschen für mich mehr und mehr die Dinge getreten sind. Der Stock, mit dem ich spazieren gehe, die Tasse, aus der ich meine Milch trinke, die Vase auf meinem Tisch, die Schale mit Obst, der Aschenbecher, die Stehlampe mit dem grünen Schirm, der kleine indische Krischna aus Bronze, die Bilder an der Wand und um das Beste zuletzt zu nennen, die vielen Bücher an den Wänden meiner kleinen Wohnung, sie sind es, die mir beim Aufwachen und Einschlafen, beim Essen und Arbeiten, an guten und bösen Tagen Gesellschaft leisten, die für mich vertraute Gesichter bedeuten und mir die angenehme Illusion von Heimat und Zuhausesein geben.

Noch sehr viele andere Gegenstände zählen zu meinen Vertrauten. Dinge, deren Sehen und Anfühlen, deren stummer Dienst, deren stumme Sprache mir lieb ist und unentbehrlich scheint, und wenn eines dieser Dinge mich verläßt und von mir geht, wenn eine alte

Schale zerbricht, wenn eine Vase herunterfällt, wenn ein Taschenmesser verlorengeht, dann sind es Verluste für mich, dann muß ich Abschied nehmen und mich einen Augenblick besinnen und ihnen einen Nachruf widmen.

Auch mein Arbeitszimmer mit seinen etwas schiefen Wänden, seiner alten, ganz erblaßten Goldtapete, mit den vielen Sprüngen im Bewurf der Decke gehört zu meinen Kameraden und Freunden. Es ist ein schönes Zimmer, ich wäre verloren, wenn es mir genommen würde. Aber das Schönste an ihm ist das Loch, das auf den kleinen Balkon hinausführt. Von da aus sehe ich nicht nur den See von Lugano bis nach San Mamette hin, mit den Buchten, Bergen und Dörfern, Dutzenden von nahen und fernen Dörfern, sondern ich sehe, und das ist mir das Liebste daran, auf einen alten, stillen, verzauberten Garten hinab, wo alte, ehrwürdige Bäume sich im Wind und im Regen wiegen, wo auf schmalen, steil abfallenden Terrassen schöne, hohe Palmen, schöne, üppige Kamelien, Rhododendren, Magnolien stehen, wo die Eibe, die Blutbuche, die indische Weide, die hohe, immergrüne Sommermagnolie wächst. Dieser Blick aus meinem Zimmer, diese Terrassen, diese Gebüsche und Bäume gehören noch mehr als die Zimmer und Gegenstände zu mir und meinem Leben, sie sind mein eigentlicher Freundeskreis, meine Nächsten, mit ihnen lebe ich, sie halten zu mir, sie sind zuverlässig. Und wenn ich einen Blick über diesen Garten werfe, so gibt er mir – nicht nur das, was er dem entzückten oder gleichgültigen Blick jedes Fremden gibt, sondern unendlich viel mehr, denn dies Bild ist mir durch Jahre und Jahre zu jeder Stunde des Tages und der Nacht, zu jeder Jahreszeit und Witterung vertraut, das Laub jedes Baumes sowie seine Blüte und Frucht ist mir in jedem Zustande des Werdens und Hinsterbens wohlbekannt, jeder ist mein Freund, von jedem weiß ich Geheimnisse, die nur ich und sonst niemand weiß. Einen dieser Bäume zu verlieren, heißt für mich, einen Freund verlieren.

Wenn ich vom Malen oder vom Schreiben, vom Nachdenken oder vom Lesen müde bin, ist der Balkon und der Blick in die zu mir heraufblickenden Wipfel meine Erholung. Hier las ich neulich, mit Bedauern, daß das herrliche Buch schon ein Ende nahm, »Die chymische Rose« von Yeats (deutsch bei J. Hegner in Hellerau) diese zauberhaften Erzählungen aus der gälischen Welt, so voll von alter halbheidnischer Mystik, so geheimnisvoll und dunkelglühend. Hier durchblätterte ich Joachim Ringelnatzens »Reisebriefe eines Artisten« (bei Rowohlt), und freute mich an diesem Mann und seinem Humor, der so gar nicht golden ist, sondern echter Galgenhumor, schwebend zwischen Spaß und Not, zwischen Rausch und Verzweiflung. Sei gegrüßt, Bruder Ringelnatz! Und hier blättere ich auch zuweilen eine halbe Stunde in den zwei Bänden der »Sittengeschichte Griechenlands« von Hans Licht (bei P. Aretz in Dresden erschienen), wo zwischen all den erstaunlichen Bildern, und am meisten durch die Bilder selbst, viel Wissenswertes und viel Beneidenswertes vom Liebesleben der Griechen erzählt wird.

Im Frühling gibt es eine Zeit, da ist der Garten brennend rot von der Kamelienblüte, und im Sommer blühen die Palmen, und hoch in den Bäumen klettern überall die blauen Glyzinien. Aber die indische Weide, ein kleiner, fremdartiger Baum, der trotz seiner Kleinheit uralt aussieht und das halbe Jahr zu frieren scheint, die indische Weide traut sich erst spät im Jahre mit den Blättern hervor, und erst gegen Mitte August fängt sie an zu blühen.

Der schönste jedoch von allen diesen Bäumen ist nicht mehr da, er ist vor einigen Tagen durch den Sturm gebrochen worden. Ich sehe ihn liegen, er ist noch nicht weggeschafft, einen schweren alten Riesen mit geknicktem und zerschlissenem Stamm, und sehe

an der Stelle, wo er stand, eine große breite Lücke, durch welche der ferne Kastanienwald und einige bisher unsichtbare Hütten hereinschauen.

Es war ein Judasbaum, jener Baum, an dem der Verräter des Heilands sich erhängt hat, aber man sah ihm diese beklommene Herkunft nicht an, o nein, er war der schönste Baum des Gartens, und eigentlich war es seinetwegen, daß ich vor manchen Jahren diese Wohnung hier gemietet habe. Ich kam damals, als der Krieg zu Ende war, allein und als Flüchtling in diese Gegend, mein bisheriges Leben war gescheitert, und ich suchte eine Unterkunft, um hier zu arbeiten und nachzudenken und die zerstörte Welt mir von innen her wieder aufzubauen und suchte eine kleine Wohnung, und als ich meine jetzige Wohnung anschaute, gefiel sie mir nicht übel, den Ausschlag aber gab der Augenblick, wo die Wirtin mich auf den kleinen Balkon führte. Da lag plötzlich unter mir der Garten Klingsors, und mitten darin leuchtete hellrosig blühend ein riesiger Baum, nach dessen Namen ich sofort fragte, und siehe, es war der Judasbaum, und Jahr für Jahr hat er seither geblüht, Millionen von rosigen Blüten, die dicht an der Rinde sitzen, ähnlich etwa wie beim Seidelbast, und die Blüte dauerte vier bis sechs Wochen, und dann erst kam das hellgrüne Laub nach, und später hingen in diesem hellgrünem Laube dunkelpurpurn und geheimnisvoll in dichter Menge die Schotenhülsen.

Wenn man ein Wörterbuch über den Judasbaum befragt, dann erfährt man natürlich nicht viel Gescheites. Vom Judas und vom Heiland kein Wort! Dafür steht da, daß dieser Baum zur Gattung der Leguminosen gehört und Cercis siliquastrum genannt wird, daß seine Heimat Südeuropa sei und daß er da und dort als Zierstrauch vorkomme. Man nenne ihn übrigens auch »falsches Johannisbrot«. Weiß Gott, wie da der echte Judas und der falsche Johannes durcheinander geraten sind! Aber wenn ich das Wort »Zierstrauch« lese, so muß ich lachen, noch mitten in meinem Jammer. Zierstrauch! Ein Baum war es, ein Riese von einem Baum, mit einem Stamm so dick, wie ich es auch in meinen besten Zeiten nie gewesen bin, und sein Wipfel stieg aus der tiefen Gartenschlucht beinahe zur Höhe meines

Balkönchens herauf, es war ein Prachtstück, ein wahrer Mastbaum! Ich hätte nicht unter diesem Zierstrauch stehen mögen, als er neulich im Sturm zusammenbrach und einstürzte wie ein alter Leuchtturm.

Ohnehin schon war die letzte Zeit nicht sehr zu rühmen. Der Sommer war plötzlich krank geworden und man fühlte sein Sterben voraus, und am ersten richtig herbstlichen Regentag mußte ich meinen liebsten Freund (keinen Baum, sondern einen Menschen) zu Grabe tragen, und seither war ich, bei schon kühlen Nächten und häufigem Regen, nicht mehr richtig warm geworden und trug mich schon sehr mit Abreisegedanken. Es roch nach Herbst, nach Untergang, nach Särgen und Grabkränzen.

Und nun kommt da eines Nachts, als späte Nachwehe irgendwelcher amerikanischer und ozeanischer Orkane, ein wilder Südsturm geblasen, reißt die Weinberge zusammen, schmeißt Schornsteine um, demoliert mir sogar meinen kleinen Steinbalkon und nimmt, noch in den letzten Stunden, auch noch meinen alten Judasbaum mit. Ich weiß noch, wie ich als Jüngling es liebte, wenn in herrlichen romantischen Erzählungen von Hauff oder Hoffmann die Aequinoktialstürme so unheimlich bliesen! Ach, genauso war es, so schwer, so unheimlich, so wild und beengend preßte sich der dicke warme Wind, als käme er aus der Wüste her, in unser friedliches Tal und richtete da seinen amerikanischen Unfug an. Es war eine häßliche Nacht, keine Minute Schlaf, außer den kleinen Kindern hat im ganzen Dorf kein Mensch ein Auge zugetan, und am Morgen lagen die gebrochenen Ziegel, die zerschlage-

nen Fensterscheiben, die geknickten Weinstöcke da. Aber das Schlimmste, das Unersetzlichste, ist für mich der Judasbaum. Es wird zwar ein junger Bruder nachgepflanzt werden, dafür ist gesorgt: aber bis er auch nur halb so stattlich werden wird wie sein Vorgänger, werde ich längst nicht mehr da sein.

Als ich neulich im fließenden Herbstregen meinen lieben Freund begraben habe und den Sarg in das nasse Loch verschwinden sah, da gab es einen Trost: er hatte Ruhe gefunden, er war dieser Welt, die es mit ihm nicht gut gemeint hatte, entrückt, er war aus Kampf und Sorgen heraus an ein anderes Ufer getreten. Bei dem Judasbaum gibt es diesen Trost nicht. Nur wir armen Menschen können, wenn einer von uns begraben wird, uns zum schlechten Troste sagen: »Nun, er hat es gut, er ist im Grunde zu beneiden.« Bei meinem Judasbaum kann ich das nicht sagen. Er wollte gewiß nicht sterben, er hat bis in sein hohes Alter hinein Jahr für Jahr überschwenglich und prahlend seine Millionen von strahlenden Blüten getrieben, hat sie froh und geschäftig in Früchte verwandelt, hat die grünen Schoten der Früchte erst braun, dann purpurn gefärbt und hat niemals jemand, den er sterben sah, um seinen Tod beneidet. Vermutlich hielt er wenig von uns Menschen. Vielleicht kannte er uns, schon von Judas her. Jetzt liegt seine riesige Leiche im Garten und hat im Fallen noch ganze Völker von kleineren und jüngeren Gewächsen zu Tode gedrückt.

1927

Hundstage

Wie nun am dürren Ginsterhang,
Im braunen Stein, im goldnen Staub,
Im gilbenden Akazienlaub
Der Sommer seinen Überschwang
Austobt und in sich selbst verbrennt!
Aus dürrer Schote knistern schwarze Kerne,
Und abends hängen schwer die Sterne
Wie überreif am Firmament,
Das wie ein Puls im Fieber pocht
Und von verhaltnen Wettern kocht.
Wo eben noch in frohen Schauern
Das Leben feucht und spielend rann,
Keucht Sommer wütend hügelan
Der Höhe zu. Er will nicht dauern,
Er lechzt nach Rausch und Opferglück,
Ihn rief der Tod: auf hagrem Pferde
Jagt er voran und läßt die Erde
Erschöpft, verblüht, verbrannt zurück.

Und seufzend reckt sich Laub und Gras
Und raschelt hart und klirrt wie Glas.

Gegensätze

Es ist hoher Sommer, und seit Wochen schon steht der große Sommermagnolienbaum vor meinen Fenstern in Blüte; er ist ein Sinnbild des südlichen Sommers, in seiner scheinbar lässigen, scheinbar gleichmütig langsamen, in Wirklichkeit aber rapiden und verschwenderischen Art zu blühen. Von den schneeweißen, riesigen Blütenkelchen stehen immer nur ein paar, höchstens acht oder zehn, zugleich offen, und so zeigt der Baum während der zwei Monate seiner Blüte eigentlich im Großen immer den gleichen Anblick, während doch diese herrlichen Riesenblüten so sehr vergänglich sind: keine von ihnen lebt länger als zwei Tage. Aus der bleichen, grünlich angeflogenen Knospe öffnet sich diese Blüte meist am frühen Morgen, rein weiß und zauberhaft unwirklich schwebt sie, das Licht wie schneeeiger Atlas widerspiegelnd, aus den dunkelglänzenden, harten, immergrünen Blättern, schwebt einen Tag lang jung und glänzend, und beginnt dann sachte sich zu verfärben, an den Rändern zu gilben, die Form zu verlieren, und mit einem rührenden Ausdruck von Ergebung und Müdigkeit zu altern, und auch dies Altern dauert nur einen Tag. Dann ist die weiße Blüte schon verfärbt, sie ist hell zimtbraun geworden, und die Blütenblätter, gestern wie Atlas, fühlen sich heute an wie feines, zartes Wildleder: ein traumhafter, wunderbarer Stoff, zart wie ein Hauch und doch von fester, ja derber Substanz. Und so trägt mein großer Magnolienbaum Tag für Tag seine reinen, schneeigen Blüten, und es scheinen immer dieselben zu sein. Ein feiner, erregender, köstlicher Duft, an den von frischen Zitronen erinnernd, aber süßer, weht von den Blüten herüber in mein Studierzimmer. Der große Sommermagnolienbaum (nicht zu verwechseln mit der auch im Norden bekannten Frühlingsmagnolie) ist nicht immer mein Freund, so schön er auch sei. Es gibt Jahreszeiten, in denen ich ihn mit Bedenken, ja mit Feindschaft ansehe. Er wächst und wächst, und in den zehn Jahren, in denen er mein Nachbar war, hat er sich so gestreckt, daß die spärliche Morgensonne in den Herbst- und Frühlingsmonaten meinem Balkon verloren geht. Ein Riesenkerl ist er geworden, oft kommt er mir in seinem heftigen, saftigen Wuchs so vor wie ein derber, rasch empor geschossener, etwas schlacksiger Junge. Jetzt aber, während seiner hochsommerlichen Blütezeit, steht er feierlich voll zarter Würde, klappert im Winde mit seinen steifen, glänzenden, wie lackierten Blättern und trägt behutsam Sorge um seine zarten, allzu schönen, allzu vergänglichen Blüten.

Diesem großen Baum mit seinen bleichen Riesenblüten steht ein andrer gegenüber, ein Zwerg. Er steht auf meinem kleinen Balkönchen, in einen Topf gepflanzt. Es ist ein gedrungener Zwergbaum, eine Zypressenart, keinen Meter hoch, aber schon bald vierzig Jahre alt, ein kleiner knorriger und selbstbewußter Zwerg, ein wenig rührend und ein wenig komisch, voll von Würde und doch kauzig und zum Lächeln reizend. Ich habe ihn erst neuerdings geschenkt bekommen, zum Geburtstag, und nun steht er da, reckt seine charaktervollen, wie von jahrzehntelangen Stür-

men geknorrten Äste, die aber nur fingerlang sind, und schaut gleichmütig zu seinem Riesenbruder hinüber, von welchem zwei Blüten genügen würden, um den würdigen Zwerg zuzudecken. Ihn stört das nicht, er scheint den großen feisten Bruder Magnolie gar nicht zu sehen, von dem ein Blatt so groß ist wie bei ihm ein ganzer Ast. Er steht in seiner merkwürdigen kleinen Monumentalität, tief nachdenklich, ganz in sich versunken, uralt aussehend, so wie auch die menschlichen Zwerge oft so unsäglich alt oder zeitlos aussehen können.

Bei der gewaltigen Sommerhitze, die uns seit Wochen belagert, komme ich sehr wenig hinaus, ich lebe in meinen paar Zimmerchen, hinter geschlossenen Läden, und die beiden Bäume, der Riese und der Zwerg, sind meine Gesellschaft. Die Riesenmagnolie erscheint mir als Sinnbild und Lockruf alles Wachstums, alles triebhaften und naturhaften Lebens, aller Sorglosigkeit und geilen Fruchtbarkeit. Der schweigsame Zwerg dagegen, daran ist nicht zu zweifeln, gehört zum Gegenpol: er braucht nicht so viel Raum, er vergeudet nicht, er strebt nach Intensität und nach Dauer, er ist nicht Natur, sondern Geist, er ist nicht Trieb, sondern Wille. Lieber kleiner Zwerg, wie wunderlich und besonnen, wie zäh und uralt stehst du da!

Gesundheit, Tüchtigkeit und gedankenloser Optimismus, lachende Ablehnung aller tiefern Probleme, feistes feiges Verzichten auf aggressive Fragestellung, Lebenskunst im Genießen des Augenblicks – das ist die Parole unsrer Zeit – auf diese Art hofft sie die lastende Erinnerung an den Weltkrieg zu betrügen. Übertrieben problemlos, imitiert amerikanisch, ein als feistes Baby maskierter Schauspieler, übertrieben dumm, unglaubhaft glücklich und strahlend (»smiling«), so steht dieser Mode-Optimismus da, jeden Tag mit neuen strahlenden Blüten geschmückt, mit den Bildern neuer Filmstars, mit den Zahlen neuer Rekorde. Daß alle diese Größen Augenblicksgrößen sind, daß alle diese Bilder und Rekordzahlen bloß einen Tag dauern, danach fragt niemand, es kommen ja stets neue. Und durch diesen etwas allzu hochgepeitschten, allzu dummen Optimismus, welcher Krieg und Elend, Tod und Schmerz für dummes Zeug erklärt, das man sich nur einbilde, und nichts von irgendwelcher Sorge oder Problematik wissen will – durch diesen überlebensgroßen, nach amerikanischem Vorbild aufgezogenen Optimismus wird der Geist zu ebensolchen Übertreibungen gezwungen und gereizt, zu verdoppelter Kritik, zu vertiefter Problematik, zu feindseliger Ablehnung dieses ganzen himbeerfarbenen Kinder-Weltbildes, wie es die Modephilosophien und die illustrierten Blätter spiegeln.

So zwischen meinen beiden Baum-Nachbarn, der wundervoll vitalen Magnolie und dem wunderbar entmaterialisierten und vergeistigten Zwerge, sitze ich und betrachte das Spiel der Gegensätze, denke darüber nach, schlummere in der Hitze ein wenig, rauche ein wenig und warte bis es Abend wird und etwas kühle Luft vom Walde weht.

Und überall in dem, was ich tue, lese, denke, überall begegnet mir derselbe Zwiespalt der heutigen Welt. Täglich kommen ein paar Briefe zu mir, Briefe von Unbekannten meistens, wohlmeinende, manchmal anklagende, und alle handeln vom gleichen Problem, alle sind sie entweder von einem hahnebüchenen Optimismus und können mich, den Pessimisten, nicht genug tadeln oder auslachen oder bedauern – oder sie geben mir recht, geben mir fanatisch und übertrieben recht, aus tiefer Not und Verzweiflung heraus.

Natürlich haben beide recht, Magnolie und Zwergbaum, Optimisten und Pessimisten. Nur halte ich erstere für gefährlicher, denn ich kann ihr heftiges Zufriedensein und sattes Lachen nicht sehen, ohne mich an jenes Jahr 1914 zu erinnern und an jenen angeblich so gesunden Optimismus, mit welchem damals ganze Völker alles herrlich und entzückend fanden, und jeden Pessimisten an die Wand zu stellen drohten, der daran erinnerte, daß Kriege eigentlich ziemlich gefährliche und gewaltsame Unternehmungen seien, und daß es vielleicht auch betrüblich enden könnte. Nun, die Pessimisten wurden teils ausgelacht, teils an die Wand gestellt, und die Optimisten feierten die große Zeit, jubelten und siegten jahrelang, bis sie sich und ihr ganzes Volk gründlich müde gejubelt und müde gesiegt hatten und plötzlich zusammenbrachen, und nun von den einstigen Pessimisten getröstet und zum Weiterleben ermuntert werden mußten. Ich kann jene Erfahrung nie ganz vergessen.

Nein, natürlich haben wir Geistigen und Pessimisten nicht Recht, wenn wir unsre Zeit nur anklagen, verurteilen oder belächeln. Aber sollten nicht am Ende auch wir Geistigen (man nennt uns heute Romantiker, und meint damit nichts Freundliches) ein Stück dieser Zeit sein, und ebenso gut das Recht haben, in ihrem Namen zu sprechen und eine Seite von ihr zu verkörpern, wie die Preisboxer und die Automobilfabrikanten? Unbescheiden bejahe ich mir diese Frage.

Die beiden Bäume in ihrem wunderlichen Gegensatz stehen, wie alle Dinge der Natur, unbekümmert um Gegensätze, jeder seiner selbst und seines Rechtes sicher, jeder stark und zäh. Die Magnolie schwillt vor Saft, ihre Blüten duften schwül herüber. Und der Zwergbaum zieht sich tiefer in sich selbst zurück.

1928

Föhnige Nacht

Schaukelt im wehenden Föhnwind der Feigenbaum
Wieder wie Schlangen wirr die gewundenen Äste,
Steigt übers kahle Gebirg zu einsamem Feste
Vollmond empor und beseelt mit Schatten den Raum,
Spricht zwischen gleitenden Wolkenschiffen der Lichte
Träumerisch mit sich selber und zaubert die Nacht
Über dem Seetal still zum Seelenbild und Gedichte,
Daß mir im Herzen zuinnerst Musik erwacht,
Dann erhebt sich in drängender Sehnsucht die Seele,
Fühlt sich jung und begehrt ins flutende Leben zurück,
Kämpft mit dem Schicksal und ahnt, woran es ihr fehle,
Summt sich Lieder und spielt mit dem Traume vom Glück,
Möchte noch einmal beginnen, noch einmal der fernen
Jugend heiße Gewalten beschwören ins kühlere Heut,
Möchte wandern und werben und bis zu den Sternen
Dehnen der schweifenden Wünsche dunkles Geläut.
Zögernd schließ ich das Fenster, entzünde das Licht,
Seh die weißglänzenden Kissen des Bettes warten,
Weiß den Mond um die Welt und das wehende Wolkengedicht

Draußen lebendig im Föhn überm silbrigen Garten,
Finde zurück mich langsam zu meinen gewohnten
Dingen,
Höre bis in den Schlaf das Lied meiner Jugend
klingen.

Sommermittag auf einem alten Landsitz

Die Linden und Kastanien hundertjährig
Atmen und rauschen sacht im lauen Wind,
Der Springquell blitzt und wendet sich willfährig
Im Hauch der Lüfte, in den Wipfeln sind
Die vielen Vögel fast verstummt zur Stunde.
Die Straße draußen schweigt im Mittagsbrand,
Verschlafen dehnen sich im Gras die Hunde,
Heuwagen knarren fern durchs heiße Land.

Wir sitzen lang im Schatten, alte Leute,
Ein Buch im Schoß, geblendete Augen senkend,
Freundlich gewiegt vom sommerlichen Heute,
Doch heimlich der Vorangegangenen denkend,
Für die nicht Winter mehr noch Sommer tagen
Und die doch in den Hallen, auf den Wegen
Uns nahe sind und unsichtbar zugegen
Und zwischen Dort und Hier die Brücke schlagen.

Elegie im September

Feierlich leiert sein Lied in den düsteren Bäumen der
Regen,
Über dem Waldgebirg weht schon erschauerndes
Braun.
Freunde, der Herbst ist nah, schon äugt er lauernd am
Wald hin;
Leer auch starret das Feld, nur von den Vögeln besucht.
Aber am südlichen Hang reift blau am Stabe die
Traube,
Glut und heimlichen Trost birgt ihr gesegneter Schoß.
Bald wird alles, was heut noch in Saft und rauschendem
Grün steht,
Bleich und frierend vergehn, sterben in Nebel und
Schnee;
Nur der wärmende Wein und bei Tafel der lachende
Apfel
Wird noch vom Sommer und Glanz sonniger Tage
erglühn.
So auch altert der Sinn uns und kostet im zögernden
Winter,
Dankbar der wärmenden Glut, gern der Erinnerung
Wein,
Und von zerronnener Tage verflatterten Festen und
Freuden
Geistern in schweigendem Tanz selige Schatten durchs
Herz.

Im Schloß Bremgarten

Wer hat einst die alten Kastanien gepflanzt,
Wer aus dem steinernen Brunnen getrunken,
Wer im geschmückten Saale getanzt?
Sie sind dahin, vergessen, versunken.

Heut sind es wir, die der Tag bescheint
Und denen die lieben Vögel singen:
Wir sitzen um Tafel und Kerzen vereint,
Trankopfer dem ewigen Heute zu bringen.

Und wenn wir dahin und vergessen sind,
Wird immer noch in den hohen Bäumen
Die Amsel singen und singen der Wind,
Und drunten der Fluß an den Felsen schäumen.

Und in der Halle beim Abendschrei
Der Pfauen sitzen andere Leute.
Sie plaudern, sie rühmen wie schön es sei,
Bewimpelte Schiffe fahren vorbei,
Und es lacht das ewige Heute.

Baum im Herbst

Noch ringt verzweifelt mit den kalten
Oktobernächten um sein grünes Kleid
Mein Baum. Er liebt's, ihm ist es leid,
Er trug es fröhliche Monde lang,
Er möchte es gern behalten.

Und wieder eine Nacht, und wieder
Ein rauher Tag. Der Baum wird matt
Und kämpft nicht mehr und gibt die Glieder
Gelöst dem fremden Willen hin,
Bis der ihn ganz bezwungen hat.

Nun aber lacht er golden rot
Und ruht im Blauen tief beglückt.
Da er sich müd dem Sterben bot,
hat ihn der Herbst, der milde Herbst
Zu neuer Herrlichkeit geschmückt.

Gestutzte Eiche

Wie haben sie dich, Baum, verschnitten,
Wie stehst du fremd und sonderbar!
Wie hast du hundertmal gelitten,
Bis nichts in dir als Trotz und Wille war!
Ich bin wie du, mit dem verschnittnen,
Gequälten Leben brach ich nicht
Und tauche täglich aus durchlittnen
Roheiten neu die Stirn ins Licht.
Was in mir weich und zart gewesen,
Hat mir die Welt zu Tod gehöhnt,
Doch unzerstörbar ist mein Wesen,
Ich bin zufrieden, bin versöhnt,
Geduldig neue Blätter treib ich
Aus Ästen hundertmal zerspellt,
Und allem Weh zu Trotze bleib ich
Verliebt in die verrückte Welt.

Seit einer Woche wohne ich im Erdgeschoß der Villa, in einer mir ganz neuen Umgebung, einer mir neuen Landschaft, Gesellschaft und Kultur, und da ich vorerst inmitten dieser neuen Welt sehr allein bin und die herbstlichen Tage in der Stille meines hübschen großen Studierzimmers mir lang werden, beginne ich das Geduldspiel dieser Aufzeichnungen. Es ist eine Art von Arbeit, gibt meinen einsamen und leeren Tagen einen Anschein von Sinn und ist, zum mindesten, eine Beschäftigung, welche weniger Schaden stiftet als die wichtige und hochbezahlte Arbeit so vieler Menschen.

Mein Aufenthaltsort liegt ganz nahe der Kantons- und Sprachgrenze auf der welschen Seite. Ich bin hier Gast eines Freundes, der einer Heilanstalt vorsteht, und lebe dicht am Rande dieser Anstalt, die ich wohl bald unter der Führung des Arztes näher werde kennenlernen. Vorerst weiß ich wenig von ihr, nichts als daß sie auf dem ausgedehnten, mit schönen Parkanlagen bedeckten Grundstück liegt, einem ehemaligen Herrensitz, in einem gewaltig großen, schloßartigen, architektonisch schönen Gebäude, das mehrere Innenhöfe umschließt und, wie man mir sagt, eine sehr große Zahl von Patienten, Wärtern, Ärzten, Pflegerinnen, Handwerkern und Angestellten beherbergt, und daß von allen diesen vielen Bewohnern für mich, der in einem der neuen Nebengebäude wohnt, so gut wie nichts zu sehen und zu hören ist. Das möchte wohl im

Sommer anders sein, jetzt aber, im November, sitzt niemand jemals auf einer der grünen Gartenbänke, und wenn ich täglich einige Male meinen kleinen Gang durch den Park mache oder ins große Haus hinübergehe, um etwas im Büro zu fragen oder Post aufzugeben, dann begegnet mir in den Gartenwegen und in den hallenden Treppen, Korridoren, Kiesplätzen und Höfen höchstens einmal eine eilige Pflegerin oder ein Monteur oder Gärtnerbursche, und das riesige Gebäude liegt in vollkommener Stille, als wäre es unbewohnt.

Das weiträumige Anstaltsgebäude, unsre kleine

Villa mit zwei Arztwohnungen, einige modernere Bauten, welche Küche, Wäschehaus, Garagen, Stallungen, Schreiner- und andere Werkstätten beherbergen, liegen samt der Gärtnerei mit großen Pflanzungen, Frühbeeten und Treibhäusern inmitten eines umfangreichen Parkes von großartigem, feudalem und auch ein wenig kokettem Gepräge. Dieser Park, dessen Terrassen, Wege und Treppen sich vom Herrenhaus mählich gegen das See-Ufer senken, ist vorläufig, da ich größere Gänge nicht zu leisten vermag, meine Landschaft und Umwelt, ihm gehört vorerst der Hauptanteil meiner Aufmerksamkeit und Liebe. Jene, welche ihn gepflanzt haben, scheinen dabei von zwei Tendenzen, oder eher Passionen, geleitet worden zu sein: der Passion für malerisch-romantische Aufteilung des Raumes in Rasenflächen und Baumgruppen, und der andern Passion, nicht nur schöne und wohlgruppierte, sondern auch möglichst aparte, seltene und fremdländische Bäume zu pflanzen und zu hegen. Es scheint dies, soviel ich sehen kann, überhaupt auf den Herrschaftsgütern der Gegend Sitte gewesen zu sein, und außerdem mochte der letzte Besitzer und Bewohner des Herrenhauses diese Liebhaberei für exotische Pflanzen aus Südamerika mitgebracht haben, wo er Plantagen besaß und Tabak exportierte. Obwohl nun diese beiden Passionen, die romantische und die botanische, einander gelegentlich widersprechen und in Streit miteinander geraten, ist doch der Versuch ihrer Versöhnung in mancher Hinsicht nahezu vollkommen geglückt, und beim Wandeln durch diesen Park findet man sich bald mehr von der Harmonie zwischen Pflanzung und Architektur, vom Reiz überraschender Durchblicke und edler Veduten, sei es auf die Seeweite hinaus oder auf die Schloßfassade zurück, angezogen und erfreut, bald mehr von den einzelnen Pflanzen, ihrer botanischen Interessantheit oder ihrem Alter oder ihrer Vitalität angerufen und zu näherem Betrachten des einzelnen verpflichtet. Das beginnt schon gleich beim Hause, wo auf der obersten, halbrunden Terrasse eine Anzahl südlicher Gewächse in großen Kübeln prangt, darunter ein mit prallen und leuchtenden kleinen Früchten reich behangener Orangenbaum, der keineswegs jenen schmächtigen, leidenden oder gar mißvergnügten Eindruck macht, den solche in ein ihnen unheimisches Klima versetzte Pflanzen aus anderen Breitegraden meistens erwecken, sondern mit seinem feist strotzenden Stamm, seiner rundgeschnittenen Krone und seinen goldenen Früchtlein durchaus zufrieden und gesund erscheint. Und nicht weit von ihm, etwas weiter abwärts schon und dem Ufer näher, fällt uns ein wunderliches, kräftiges Gewächs auf, eher Strauch als Baum, das aber nicht im Kübel, sondern im natürlichen Boden wurzelt, und ganz ähnliche kleine harte Kugelfrüchte trägt. Es ist ein seltsames, ein höchst eigensinnig und wehrhaft in sich verknäueltes, undurchdringliches, vielstämmiges und vielästiges Dorngewächs, und die Früchte sind nicht so goldfarben wie jene Zwerg-Orangen. Es ist ein gewaltig großer, sehr alter Christdorn, und später trifft man im Weitergehen da und dort noch andere seinesgleichen an.

Neben einigen dem Taxus und der Zypresse verwandten Bäumen mit eindrücklichen und zum Teil bizarren Silhouetten steht da auch, einsam und vielleicht ein wenig melancholisch, aber kräftig und gesund, ein Affenbaum, in seine fehlerlose Symmetrie wie in einen Traum versunken, und trägt zum Zeichen, daß ihm seine Vereinsamung nichts anhaben könne, einige schwere massige Früchte an seinen obersten Zweigen. Zu diesen mit Bedacht einzeln in den Rasen gestellten und der Beachtung und Bewunderung gleichsam ausdrücklich empfohlenen Raritäten kommt auch noch, ebenfalls um die eigene Interessantheit gewissermaßen wissend und ein wenig der Unschuld beraubt, eine Anzahl von zwar nicht seltenen,

aber durch Gärtnerkunst verwandelten, preziös und verträumt sich gebarenden Bäumen, vor allem Trauerweiden und Trauerbirken, vornehme langhaarige Prinzessinnen aus der sentimentalen Epoche, unter ihnen auch eine groteske Trauertanne, deren Stamm samt allen Ästen von einer gewissen Höhe an sich umbiegt und wieder den Wurzeln zustrebt. Es entsteht durch diese widernatürliche Umbiegung des Wachstums ein dichtes hängendes Dach, eine gewachsene Tannen-Hütte oder Höhle, in die ein Mensch eintreten und in der er verschwinden und hausen kann, als wäre er die Nymphe dieses wunderlichen Baumes.

Zu den schönsten Bäumen unserer kostbaren Pflanzung gehören einige prachtvolle alte Zedern, die schönste von ihnen berührt mit ihren oberen Ästen die Krone einer starkstämmigen Eiche, des ältesten Baumes auf dem Grundstück, sie ist weit älter als Park und Haus. Auch einige wohl gedeihende Mammutbäume gibt es, mehr in die Breite als in die Höhe strebend, es mögen die oft heftigen und kalten Winde sie dazu nötigen. Für mich der herrlichste Baum des ganzen Parkes ist nicht einer der vornehmen Ausländer, sondern eine alte ehrwürdige Silberpappel von gewaltiger Größe, in geringer Höhe über der Erde in zwei mächtige Stämme sich teilend, deren jeder allein der Stolz eines Parkes sein könnte. Sie steht noch im vollen Laube, das vom Silbergrau über eine reiche Skala von bräunlichen, gelblichen, ja rosigen Tönen sich bis in ein schweres Dunkelgrau vertiefen kann, je nachdem Licht und Wind mit ihm spielen, dessen Farben aber stets etwas Metallenes, eine spröde Härte haben. Wenn in dieser riesigen Zwillingskrone ein kräftiger Wind spielt und der Himmel, wie es zuweilen in diesen frühen Novembertagen noch vorkommt, noch ein feuchtes, tiefes Sommerblau hat oder mit Wolken dunkel verhängt ist, ist es ein königliches Schauspiel. Dieser ehrwürdige Baum wäre eines Dichters wie Rilke und eines Malers wie Corot würdig.

Das Vorbild und Stil-Ideal dieses Parkes ist das englische, nicht das französische. Man hat eine scheinbar natürlich gewachsene, ursprüngliche Landschaft im Kleinen herstellen wollen, und stellenweise ist diese Täuschung beinahe geglückt. Aber schon die vorsichtige Rücksichtnahme auf die Architektur und die sorgfältige Behandlung des Geländes und seines Gefälles gegen den See zeigen aufs deutlichste, daß es sich doch eben nicht um Natur und Wildwuchs, sondern durchaus um Kultur, um Geist, um Willen und Zucht handelt. Und es gefällt mir gut, daß dies alles aus dem Park auch heute noch spricht. Er wäre möglicherweise schöner, wenn er ein wenig sich selbst überlassen, ein wenig vernachlässigt und verwildert wäre; es würde dann Gras auf den Wegen und Farn in den Ritzen der Steintreppen und Einfassungen wachsen, der Rasen wäre vermoost, die Zierbauten eingesunken, alles spräche vom Drang der Natur nach wahlloser Zeugung und wahllosem Verfall, es wäre der Wildnis und dem Gedanken des Todes der Zutritt in diese vornehm schöne Welt gestattet, man sähe Fallholz liegen, sähe die Leichen und Stümpfe gestorbener Bäume von moorigem Kleinwuchs überklettert. Aber nichts davon ist hier zu spüren. Der starke, genau und zäh planende Menschengeist und Kulturwille, der einst den Park entworfen und gepflanzt hat, beherrscht ihn noch heute, erhält und pflegt ihn und läßt der Wildnis, der Liederlichkeit, dem Tode keinen Schritt breit Raum. Es sprießt weder Gras auf den Wegen noch Moos im Rasen, es wird weder der Eiche gestattet, ihre Krone allzusehr in die nachbarliche Zeder hineinwachsen zu lassen, noch den Spalieren, den Zwerg- und Trauerbäumen, der Zucht zu vergessen und dem Gesetz zu entrinnen, nach dem sie gestaltet, beschnitten und gebogen worden sind. Und wo ein Baum gefallen und abhanden gekommen ist, sei es durch Krankheit, Alter, Sturm oder Schneedruck, da hinterblieb nicht eine unordentliche Stätte des Todes und des chaotischen Nachwuchses, sondern es steht an Stelle des Gefallenen klein, hager und adrett, mit zwei, drei Zweigen und ein paar Blättern ein junger, neu gepflanzter Baum auf runder Scheibe, fügt sich gehorsam in die Ordnung ein und hat neben sich einen sauberen, starken Stab stehen, der ihn hält und schützt.

So hat hier ein Werk aristokratischer Kultur sich in eine völlig veränderte Zeit hinein erhalten, und der Wille des Stifters, jenes letzten Gutsherrn, der seinen Besitz einer wohltätigen Anstalt schenkte, wird respektiert und regiert noch immer. Es gehorcht ihm die hohe Eiche und Zeder wie der magere junge Pflänzling am Stabe, es gehorcht ihm die Silhouette jeder Baumgruppe, und es ehrt und verewigt ihn ein würdiger klassizistischer Denkstein auf der letzten Gartenterrasse, die ein letzter weiter Rasenplatz vom Schilfufer und Wasser trennt. Und auch die einzige sichtbare Wunde, die eine brutale Zeit diesem schönen Mikrokosmos geschlagen hat, wird bald verschwinden und verheilen. Es mußte während des letzten Krieges eine der höher gelegenen Rasenflächen umgepflügt und zu Acker gemacht werden. Aber die leere Fläche wartet schon wieder auf Egge und Rechen, um das eingedrungene Rohe auszulöschen und wieder mit Rasen besät zu werden.

Nun habe ich dies und jenes über meinen schönen Park gesagt, und doch mehr vergessen, als was ich beschrieben habe. Ich bin den Ahornen und den Kastanien ein Lob schuldig geblieben und habe die üppigen

dickstämmigen Glyzinen der Innenhöfe nicht erwähnt, und noch vor ihnen allen hätte ich der wundervollen Ulmen gedenken sollen, deren schönste meiner Wohnung ganz nahe zwischen Villa und Hauptgebäude steht, jünger, aber höher als die ehrwürdige Eiche drüben. Dieser Ulmbaum kommt aus der Erde mit einem festen und dicken, aber von allem Beginn an nach Höhe und Schlankheit trachtenden Stamm, der dann nach kurzem energischem Anlauf in ein ganzes Volk von himmelwärts drängenden Ästen wie ein sich vielfach teilender Wasserstrahl auseinanderspritzt und sprießt, schlank, heiter und lichtbegierig, bis seine freudige Aufwärtsbewegung in einer hohen, schön gewölbten Krone zur Ruhe kommt.

Wenn nun in diesem geordneten und kultivierten Bezirk kein Raum für das Primitive und die Wildnis sich findet, so stoßen die beiden Welten doch an den Grenzen der Anlagen überall zusammen. Schon als sie gepflanzt und angelegt wurden, endeten ihre sanft abwärts führenden Wege im Sand und Sumpf des flachen Schilfufers, und in neueren Zeiten bekamen sie auf noch viel spürbarere Weise die ungezähmte und sich selbst überlassene Natur zur Nachbarin. Es wurde vor einigen Jahrzehnten infolge der Herstellung verbindender Kanäle zwischen den Seen der Gegend der Spiegel des hiesigen Sees um einige Meter gesenkt und damit ein breiter Streifen des einstigen Seerandes trockengelegt. Auf diesem Streifen nun überließ man, da man nichts mit ihm anzufangen wußte, die Natur sich selbst, und jetzt wuchert hier ein zum Teil noch sumpfiger, meilenlang sich hindehnender, struppiger und etwas krüppeliger Wald, ein aus angeflogenen Samen gewachsener Dschungel von Erlen, Birken, Weiden, Pappeln und manchen anderen Bäumen, welche langsam diesen ehemaligen sandigen Seeboden in Waldboden verwandeln. Auch Eichengestrüpp zeigt sich darin hier und dort, das sich auf diesem Boden nicht eigentlich wohl zu fühlen scheint. Und ich könnte mir denken, daß im Sommer hier manche Riedgewächse blühen, daß hier silbernes Wollgras steht und jene hohen, gefiederten Orchideen, die ich von den Sumpfwiesen am Bodensee kenne. Auch vielen Tieren bietet dieser Wildwachs Zuflucht, es nisten in ihm außer Enten und andern Schwimmvögeln auch Schnepfen, Brachvögel, Reiher und Kormorane, ich sah Schwäne fliegen und sah vorgestern aus diesem Gehölz zwei Rehe kommen und gemächlich in kleinen spielerischen Sprüngen eine der weiten Rasenflächen unsres Parks durchqueren.

Was ich nun hier wenn nicht beschrieben, so doch summarisch aufgezählt habe, der stattliche gepflegte Park samt dem primitiven Jungwald im feuchten Neulande scheint eine ganze Landschaft zu sein und ist doch nur die allernächste Umgebung unsres Hauses. Wandle ich in dieser Umgebung für eine Viertelstunde die Wege auf und ab, so ist sie in der Tat eine Einheit, eine begrenzte kleine Welt, die uns, so wie etwa eine Parkanlage in einer Großstadt, für eine Weile genügen, Freude machen und die übrige Natur ersetzen könnte. In Wirklichkeit aber ist dies alles, Park, Gärtnerei, Obstgärten und Waldgürtel, nur Vordergrund und Stufe, die in etwas viel Größeres und Einheitlicheres führt. Geht man die hübschen Wege vom Hause abwärts unter den hohen Ulmen, Pappeln, Zedern hin, an den üppigen Kegeln der Wellingtonien vorbei, deren dicke, zimmetfarbene Stämme so warm und wohlgeborgen hinter dem Zelt der hängenden elastischen Äste ragen, am Affen- und Perückenbaum, an Trauerweiden und Christdorn vorüber zum Ufer hinab, dann steht man erst der echten und ewigen Landschaft gegenüber, deren Charakter nicht Hübschheit und Interessantheit, sondern Größe ist, einer weiten, offenen, einfachen, unabsehbar großen Landschaft. Hinter dem bräunlichen, im Winde wehenden und tanzenden

Kleinwald des Uferschilfes dehnt sich manche Meilen weit der See, himmelfarben bei stillem Wetter und dunkel blaugrün wie Gletschereis bei stürmischem, und jenseits (falls nicht wie an vielen Tagen das Jenseits in grauem und opalfarbenem Dunst verborgen bleibt) ziehen niedrige, langgestreckte Jura-Bergzüge ihre ruhigen, aber energischen Linien in den Himmel, der über dieser scheinbar beinah flachen Weite unendlich groß ist. Seit meinen Bodenseejahren habe ich nicht mehr in einer solchen Landschaft gelebt, das ist bald fünfunddreißig Jahre her. See- und Himmelsweite, Duft von Wasser und Tang, wehendes Schilf, Schreiten auf feuchtem Ufersand, über mir im unendlichen Himmel die Wolken und ein paar Vögel – wie sehr habe ich das einst geliebt! Seither habe ich, ohne es so recht zu wissen, immer in Landschaften etwas näher beim Hochgebirge gelebt, deren Charakter das Feste, genau Umrissene war, die nicht wie die hiesige vor allem aus Himmel, Luft, Dunst, Wind, Bewegung bestanden. Es ist mir zur Zeit nicht eben um das Grübeln und Deuten zu tun, es ließe sich sonst über diese Rückkehr aus einer statischen in eine dynamische Welt manches Hübsche phantasieren. Da ist es denn nun wieder und spricht mich in vergessener Sprache an, das Grenzenlose, Meerähnliche, Feuchte, Spiegelnde, sich Verschleiernde und Entschleiernde, ewig Veränderliche und Wechselnde einer Welt, in welcher Wasser und Himmel alles andre beherrschen. Lang stehe ich oft am Ufer, den Hut in der Hand und den Wind im Haar, von Klängen und Düften der Jugendzeit angeweht, gestellt und angeblickt von einer Welt, die mich dringlich an Vergangenes mahnt, die mich prüft und mustert wie ein Vater den von langer Wanderschaft heimkehrenden Sohn, ohne daß ich doch mein langes Ferngebliebensein als Untreue empfände. Stets scheint ja das Dauernde auf das Vergängliche mit einer Überlegenheit zu blicken, die zwischen Spott und Duldung schwebt, und so finde ich alter Mann mich vom Geist dieser feucht-kühlen Weite geprüft und gemustert, geduldet und ein wenig bespöttelt, ohne daß ich mich gedemütigt fühle. Es ist jede neue Begegnung mit der Erde und Natur von ähnlicher Art, wenigstens für unsereinen, für uns Künstler: unser Herz kommt dem

Elementaren und scheinbar Ewigen willig und voll Liebe entgegen, schlägt mit dem Takt des Wellenganges, atmet mit dem Winde, fliegt mit den Wolken und Vögeln, fühlt Liebe und Dankbarkeit für die Schönheit der Lichter, Farben und Töne, weiß sich zu ihnen gehörig, ihnen verwandt, und bekommt doch niemals von der ewigen Erde, dem ewigen Himmel eine andre Antwort als eben jenen gelassenen, halb spöttischen Blick des Großen für das Kleine, des Alten für das Kind, des Dauernden für das Vergängliche. Bis wir, sei es in Trotz oder Demut, in Stolz oder in Verzweiflung, dem Stummen die Sprache, dem Ewigen das Zeitliche und Sterbliche entgegenstemmen und aus dem Gefühl der Kleinheit und Vergänglichkeit das ebenso stolze wie verzweifelte Gefühl des Menschen wird, des abtrünnigsten, aber liebefähigsten, des jüngsten, aber wachsten, des verlorensten, aber leidensfähigsten Sohnes der Erde. Und siehe, unsre Ohnmacht ist gebrochen, wir sind weder klein noch trotzig mehr, wir begehren nicht mehr das Einswerden mit der Natur, sondern stellen ihrer Größe die unsre entgegen, ihrer Dauer unsre Wandelbarkeit, ihrer Stummheit unsre Sprache, ihrer scheinbaren Ewigkeit unser Wissen vom Tode, ihrer Gleichgültigkeit unser der Liebe und des Leidens fähiges Herz.

Ich habe nun, so könnte es scheinen, diese großartige und zauberhafte, in ihren herbstlichen Tönen wunderbar malerische Landschaft andeutend skizziert. Aber noch bin ich damit nicht fertig. Außer dem flachen, schwerbodigen Bauernland, den vielen Gärten und Parken, dem Ufer, dem See, dem beinahe um den

ganzen Horizont reichenden Ring von Waldhügeln und langhin gestreckten Jura-Hügelketten gehört noch etwas zu ihrem Bestande, herrscht und spricht noch etwas in ihr mit: die Berge, die Alpen. An den meisten Tagen freilich sind sie um diese Jahreszeit nicht zu sehen, oder es ragt nur für eine halbe oder ganze Stunde etwa einmal jenseits der Hügelzüge etwas Weißes oder Blaues oder Rosiges auf, ein Dreieck oder Vieleck, scheint Wolke zu sein und verrät doch für Augenblicke seine andre Materie und Struktur, rückt den weiten Horizont noch um ein beträchtliches weiter zurück und macht dennoch im selben Augenblick den Eindruck der Grenzenlosigkeit wieder zunichte, denn das Auge ahnt dort, durch das Blaue oder Rosige angedeutet, etwas Festes, eine Grenze, eine Mauer. Und zweimal sah ich gegen Abend nicht nur solche vage und vereinzelte Berggestalten sich flüchtig zeigen, sondern sah rötlich bestrahlt mit blauen Schattenseiten die mir so vertraute Bergreihe des Berner Oberlandes stehen, die Jungfrau in der Mitte. Sie zeichneten in jene Ferne, wo sich sonst über den Hügeln alles in Licht und Dunst und Himmel auflöst, eine Grenze, einen zwar sehr zarten doch entschiedenen Umriß, strahlten bis zum Sinken der Sonne in einem weichen lächelnden Licht und erloschen und verschwanden alsdann unversehens, und das Auge, so sehr es von ihnen entzückt und beschenkt worden war, vermißte sie nicht, so unirdisch und beinahe unwirklich war die holde Erscheinung gewesen.

Nun aber kam ein Tag, an dem mir unverhofft ein ganz und gar anderes, neues, gewaltiges Bild der Alpen zu sehen bestimmt war. Es war Sonntag, ich hatte vor Tische den allzu kurzen Gang getan, den meine Kräfte mir erlauben, war sehr ermüdet zurückgekehrt, hatte zu Mittag gegessen, mich der Schuhe entledigt und auf den Diwan gelegt, hatte einige seit Tagen wartende Briefe und dann eines der Grimmschen Märchen gelesen (o! mit wie vielen seit einem Jahrhundert unverwelkt fortblühenden Gaben haben diese beiden Brüder ihr Volk beschenkt!), hatte begonnen, mir die Antwort auf einen der Briefe zu überlegen, war aber nicht weit damit gekommen, sondern eingeschlummert. Es wurde bald darauf sachte an meine Tür gepocht, der kleine Schlaf war ohnehin nicht tief gewesen, und es kam der Doktor, um mir zu sagen, daß er mit seinem Söhnchen ausfahren wolle und mich einlade mitzukommen. Ich war rasch fertig, wir stiegen ein und fuhren auf den nächsten, wegen seiner Alpenaussicht berühmten Juraberg. Schnell war die Ebene mit den großen Rübenfeldern und vielen Obstbäumen durchfahren, sauber gehaltene Weinberge mit niedrigen, genau nach der Schnur in gleichen Abständen gepflanzten Reben bedeckten die Südhänge der Hügel, dann stieg die Straße durch gemischten Wald mit braunem Buchenlaub, frischem Tannengrün und herbstgelben Lärchen rasch empor und brachte uns in kurzer Fahrt auf eine Höhe von etwa tausend Metern oder wenig mehr. Da htten wir den Grat erreicht, die Straße lief von hier an beinahe eben weiter. Wir klommen noch einige Schritte auf einer kahlgeweideten Matte hinauf, und der Blick auf die Alpen, von dem wir einzelne Ausschnitte schon auf der letzten Strecke der Bergstraße im Fahren mehr geahnt als gesehen hatten, lag nun enthüllt und frei vor uns, ein ungeheurer und eigentlich erschreckender Anblick. Das ganze vor uns liegende Seetal und Tiefland war unsichtbar, es lag in einen noch nicht zu Nebel verdichteten Dunst versunken, der es uns beinahe ganz verhüllte, der sich da und dort leise atmend regte, zuweilen ein Stückchen Land freigab, im ganzen aber den Eindruck völliger Stille und Regungslosigkeit machte. Sah man eine Weile hinein, so konnte man der Täuschung verfallen, der in Wirklichkeit unsichtbare See dehne sich da unten und erstrecke sich Hunderte von Meilen bis an den Fuß dieses Kolosses von Gebirge, das sich dort drüben jenseits der Dunstwelt nackt und klar in den Himmel reckte. Man sieht von hier aus nicht eine Berggruppe oder einige, sondern das Ganze, sämtliche Alpen vom äußersten Osten des Landes bis zu ihren letzten Zacken und Graten im Savoyischen, das Rückgrat Europas, vor uns hingelegt wie das eines Riesenfisches, eine starre, klare, kalte, fremde, ja bittere und drohende Welt aus Fels und Eis, in kaltem feindseligem Blau mit vereinzelten hier oder dort für eine Weile hell bestrahlten Steilflächen, deren Firn dem Licht auf eine kalte, kristallne, nüchterne und beinah abstrakte Weise Antwort gab. Ungeheuer, stumm, eisig, eine strenge wehrhafte Barrikade durch die Mitte unsrer Welt, ragte hart und messerscharf, erstarrt wie ein hundert Meilen langer Lavazug, die Kette der Alpen in den kühlen Herbsthimmel. Es war eine Art Grausen, eine Empfindung eines mit Wonne gemischten Erschrecktwerdens und Frierens wie beim Empfang eines sehr kalten Wasserstrahls, womit ich auf diesen Anblick antwortete, es tat weh und wohl, es weitete und beklemmte zugleich. Wie man, nach Arbeit und Alltag, vor dem Schlafengehen noch ein Fenster öffnet und aus der Alltäglichkeit, Abgenütztheit und Geborgenheit des allzu Gewohnten einen Blick in den von Sternen kalt flammenden Winternachthimmel tut, so sahen wir von unsrem Berggrat, der mit seiner Fahrstraße und dem Hotel, mit Sommerhäusern und Kapelle einen recht wohnlichen und gezähmten Eindruck machte, über die weite See von Dunst hinweg auf dieses Große, Fremde, Starre, Überwirkliche hinüber. Etwas später, als sich jene erste heftige Empfindung etwas beruhigt hatte, kam mir ungesucht das Bild eines Malers in die Erinnerung. Es war aber weder Hodler noch Calame noch sonst einer unsrer großen Alpenmaler, sondern einer aus der Zeit lang vor der Entdeckung der Alpen, der alte Sieneser Maler Simone Martini; von dem gab es ein Bild, auf dem ein Ritter einsam der Weite und Ferne entgegenreitet, und quer durch das Bild zieht sich ein nacktes, kahles Gebirge, hart und scharfkantig, grätig und dornig wie der Rücken eines Barsches. *1946*

Welkes Blatt

Jede Blüte will zur Frucht,
Jeder Morgen Abend werden,
Ewiges ist nicht auf Erden
Als der Wandel, als die Flucht.

Auch der schönste Sommer will
Einmal Herbst und Welke spüren.
Halte, Blatt, geduldig still,
Wenn der Wind dich will entführen.

Spiel dein Spiel und wehr dich nicht,
Laß es still geschehen.
Laß vom Winde, der dich bricht,
Dich nach Hause wehen.

Im Nebel

Seltsam, im Nebel zu wandern!
Einsam ist jeder Busch und Stein,
Kein Baum sieht den andern,
Jeder ist allein.

Voll von Freunden war mir die Welt,
Als noch mein Leben licht war;
Nun, da der Nebel fällt,
Ist keiner mehr sichtbar.

Wahrlich, keiner ist weise,
Der nicht das Dunkel kennt,
Das unentrinnbar und leise
Von allem ihn trennt.

Seltsam, im Nebel zu wandern!
Leben ist Einsamsein.
Kein Mensch kennt den andern,
Jeder ist allein.

November 1914

Wald läßt die Blätter sinken,
Talnebel hängen schwer,
Es hat der Strom kein Blinken,
Der Wald kein Rauschen mehr.

Da kommt der Sturm gepfiffen
Und schüttelt lichtes Haar
Und fegt mit festen Griffen
Das Land vom Nebel klar.

Er schont nicht Laub nicht Äste,
Nichts Hübsches ist ihm wert,
Der Vogel bangt im Neste,
Der Bauer friert am Herd.

Räum auf und brich in Scherben,
Was nimmer halten mag,
Und reiß aus Nacht und Sterben
Empor den lichten Tag!

Knarren eines geknickten Astes

Splittrig geknickter Ast,
Hangend schon Jahr um Jahr,
Trocken knarrt er im Wind sein Lied,
Ohne Laub, ohne Rinde,
Kahl, fahl, zu langen Lebens,
Zu langen Sterbens müd.
Hart klingt und zäh sein Gesang,
Klingt trotzig, klingt heimlich bang
Noch einen Sommer,
Noch einen Winter lang.

Wanderer im Spätherbst

Durch kahlen Waldes Astgeflecht
Sinkt weiß aus grauen Lüften erster Schnee
Und sinkt und sinkt. Wie ward die Welt so stumm!
Kein Blatt das rauscht, kein Vogel im Gezweig,
Nur Weiß und Grau und Stille, Stille.

Der Wandrer auch, der grün und bunte Monde
Durchwanderte mit Laute und Gesang,
Ist stumm geworden und der Freude müd,
Des Wanderns müd, der Lieder müd.
Ihn schauert, aus den kühlen grauen Höhn
Weht Schlaf ihn an, und leise sinkt
Und sinkt der Schnee . . .

Noch spricht aus fernem Frühling her
Und hingewelktem Sommerglück Erinnerung
Mit blaß verwehenden Bildern:
Kirschblütenblätter schleiernd durch ein Blau,
Ein holdes lichtes Blau –
Mit zartem Flügelzittern hängt am Halm
Ein junger Falter braun und gold –
Aus laulicht feuchter Sommerwaldnacht
Sehnsüchtig langgezognes Vogellied . . .
Der Wandrer nickt den lieben Bildern zu:
Wie war das schön! Und manches flattert noch
Aus jenem Einstmals auf, glänzt und erlischt:
Ein dunkelsüßer Blick aus Liebesaugen –

Ein Nachtgewitter, Blitz und Sturm im Schilf –
Ein Flötenlied aus fremdem Abendfenster –
Ein greller Häherschrei im Morgenwald . . .

Quellenangaben

Die 22 Gedichte dieses Bandes wurden der Gesamtausgabe H. Hesse, »Die Gedichte«, Frankfurt am Main 1977 entnommen.

Bäume: Erstdruck in »Norddeutsche Allgemeine Zeitung« vom 10. 3. 1919. Aufgenommen in H. Hesse, »Wanderung«, Berlin 1920.

Aprilbrief (auszugsweise): Erstdruck in »Neue Zürcher Zeitung« vom 29. 4. 1952. Aufgenommen in H. Hesse, »Beschwörungen«, 1955 bzw. H. Hesse, »Briefe an Freunde«, Frankfurt am Main 1977.

Aus Kinderzeiten (auszugsweise): Erstdruck in »Die Rheinlande«, Düsseldorf vom August 1904. Aufgenommen in H. Hesse, »Diesseits«, 1907 und »Die Erzählungen« bzw. »Gesammelte Erzählungen«, Frankfurt am Main 1973, 1977 und 1982.

Kastanienbäume: Entstanden 1904. Erstdruck in »Simplicissimus«, München vom 2. 4. 1906. Aufgenommen in H. Hesse, »Bilderbuch«, Erweiterte Ausgabe, Frankfurt am Main 1958.

Der Pfirsichbaum: Erstdruck in »Neue Zürcher Zeitung« vom 10. 3. 1945. Aufgenommen in H. Hesse, »Späte Prosa«, Frankfurt am Main 1951.

Peter Camenzind (auszugsweise): Erstdruck in »Neue deutsche Rundschau«, Berlin, Okt.-Dez. 1903. Erste Buchausgabe, Berlin, 1904.

Mai im Kastanienwald: Erstdruck in »Berliner Tageblatt« vom 12. 5. 1927. Aufgenommen in H. Hesse, »Kleine Freuden«, Frankfurt am Main 1977.

Der Zyklon (auszugsweise): Erstdruck in »Die Neue Rundschau«, Berlin vom Juli 1913. Aufgenommen in H. Hesse,

»Schön ist die Jugend«, 1916 und »Die Erzählungen« bzw. »Gesammelte Erzählungen«, Frankfurt am Main 1973, 1977 und 1982.

Lindenblüte: Entstanden 1906. Erstdruck 1907 in »Neues Wiener Tagblatt«. Aufgenommen in H. Hesse, »Bilderbuch«, Berlin 1926.

Klage um einen alten Baum: Erstdruck in »Berliner Tageblatt« vom 16. 10. 1927. Aufgenommen in H. Hesse, »Die Kunst des Müßiggangs«, Frankfurt am Main 1973.

Gegensätze: Erstdruck in »Berliner Tageblatt« vom 9. 7. 1928. Aufgenommen in H. Hesse, »Die Kunst des Müßiggangs«, Frankfurt am Main 1973.

Beschreibung einer Landschaft: Erstdruck in »Die neue Rundschau«, Stockholm vom März 1947. Aufgenommen in H. Hesse, »Späte Prosa«, Frankfurt am Main 1951.

Inhalt